초거대 언어 모델과 비즈니스 문제

인공지능총서

인공지능 시대입니다. 기계가 인간의 인지를 대신하고, 사물이 인간을 통하지 않고 다른 사물과 직접 커뮤니케이션합니다. 이에 따른 인간 삶과 문명 변화를 정확히 이해 · 예측 · 대응하는 것은 이 시대 우리 모두의 과제입니다. 인공지능총서는 인공지능 기술과 환경의 여러 주제를 10가지 키워드로 정리합니다. 관련 개념과 이론, 학계와 산업계의 쟁점, 우리 일상의 변화를 다룹니다. 인간과 기술의 현재, 미래를 세심히 분석합니다.

일러두기

- 인명, 작품명, 저서명, 개념어 등은 한글과 함께 괄호 안에 해당 국가의 원어를 병기했습니다.
- 외래어 표기는 현행 어문규정의 외래어표기법을 따랐습니다.

초거대 언어 모델과 비즈니스 문제

김다현

대한민국, 서울, 커뮤니케이션북스, 2024

초거대 언어 모델과 비즈니스 문제

지은이 김다현
펴낸이 박영률

초판 1쇄 펴낸날 2024년 10월 28일

커뮤니케이션북스(주)
출판 등록 2007년 8월 17일 제313-2007-000166호
02880 서울시 성북구 성북로 5-11
전화(02) 7474 001, 팩스(02) 736 5047
commbooks@commbooks.com
www.commbooks.com

ISBN 979-11-288-9957-7 03500

책값은 뒤표지에 표시되어 있습니다.

차례

초거대 언어 모델과 비즈니스 문제 해결

초거대 언어 모델은 생성형 인공지능 중 하나로 분류된다. 생성형 인공지능이란, 특정 형태의 데이터를 만들어 주는 인공지능을 뜻한다. 이때, 데이터를 만들기 위해서는 인공지능 모델이 여러 데이터의 분포에 대해 이해할 필요가 있다. 예를 들어, 우리가 이미지를 만들어 주는 생성형 인공지능이 있을 때, 자연에 존재하는 이미지의 분포를 알고 있어야 사람이 보기에도 자연스러운 이미지를 생성할 수 있는 것이다. 즉, 자연에 존재하는 이미지와 유사한 데이터가 무엇인지, 그 분포를 이해함으로써 자연스러운 이미지를 생성해 주는 것이다. 이는 주어진 데이터 간의 차이를 구별하는 판별형 인공지능과는 대비되는 개념이다(Christopher M. Bishop, 2006). 판별형 인공지능은 말 그대로 입력에 대해서 이를 특정 그룹인지 아닌지를 판별해 준다. 따라서 해당 인공지능 모델은 주어진 데이터가 특정 그룹에 속해 있는지 아닌지에 대해서는 이해하지만, 데이터 그 자체의 분포에 대해서는 이해하지 못한다. 이 차이로 인해서 판별형 인공지능은 데이터를 생성해 주지 못하는 것이다.

예를 들어, 판별형 인공지능은 특정 이미지를 보고 해당 이미지가 고양이인지 강아지인지 구별해 준다. 반면, 생성형 인공지능은 고양이 이미지 그 자체를 만들어 준다는 차이가 있다. 초거대 언어 모델의 경우, 이미지가 아닌 텍스트를 생성해 주는 생성형 인공지능으로 분류할 수 있다. 최근에는 초거대 언어 모델이 많은 주목을 받고 있지만, 과거에도 많은 생성형 인공지능들이 등장했다. 특히, 이미지를 생성해 주는 인공지능은 많은 발전을 거듭해서 크게 성공한 제품의 근간이 되었다.

대표적인 제품으로 미드저니(Midjourney)를 들 수 있다. 미드저니는 사람이 여러 특징을 서술해 주면, 그에 맞는 이미지를 생성해 주는 인공지능 제품이다. 예를 들어서, '말을 타고 있는 사람을 그려 줘'라고 서술하면, 말을 타고 있는 사람 이미지를 만들어 주는 것이다. 이때, 만들어 주는 이미지의 품질이 점점 좋아져서, 급기야는 인간이 직접 만든 이미지의 품질을 넘보게 되었다. 이렇게 고품질의 이미지 생성 기술은 단순한 유희의 영역을 넘어서 실제로 인간 디자이너들의 일자리를 침범했다.

이런 현상의 주원인은 당연하게도 인공지능이 생성한 이미지의 품질이 뛰어났다는 것이다. 그러나 그 외에도 이미지 생성 인공지능이 인간 디자이너의 영역을 침범한 데는 그 사용 방식도 한몫했다고 생각한다. 예를 들어, 기존에 인간 디자이너에게 작업을 부탁할 때, 고용주는 본인이 필요로 하는 이미지의 여러 요소를 설명해 주었고, 이를 바탕으로 디자이너가 이미지를 만들어 왔다. 이와 상당히 유사하게, 미드저니에 비슷한 설명을 해 주면 불과 몇 초 후에 하나의 이미지를 완성해 준다. 즉, 기존의 디자이너와 일할 때와 대비해서 고용주 입장에서는 해야 하는 일이 크게 바뀌지 않은 것이다. 본인이 해야 하는 일은 크게 바뀌지 않았는데, 사람한테 맡겼을 때는 최소 몇 시간 걸리는 작업이 순식간에 해결되는, 가히 혁신에 가까운 편리함인 것이다.

물론, 인공지능이 생성한 이미지가 완벽하다는 얘기는 아니다. 오히려 그 반대라고 할 수 있다. 특히, 사물의 경계나 이미지의 경계 주위에서는 여러 결함, 혹은 아티팩트(artifact)가 발견되곤 한다. 그러나 간단한 이미지의 경우 이런 결함이 비교적 덜하기에 해당 이미지를 사용하는 데 큰 문제는 아니다. 따라서 이제는 간단한 디자인 초안 등을 만들기 위해 디자이너를 고용할 필요가 많이 줄어들었고, 그로 인해서 경력이 짧은 디자이너들이 일자리를 잃는 경우도 왕왕 발생하고 있다(Viola Zhou,

2023.4.11).

그러나 이렇게 이미 제품화해서 특정 고용 시장에까지 영향을 미치는 생성형 인공지능도 초거대 언어 모델만큼의 폭발적인 주목을 받지는 못했다. 나아가서, 인공지능 분야 혹은 해당 기술로 인해서 직접적인 영향을 받는 디자인 분야를 제외하고는, 이런 이미지 생성 기술에 대해서 잘 모르는 경우도 허다하다. 기술적으로는 꽤 완성도가 높지만, 분야를 초월한 주목을 받았다고 말하기에는 모자란다. 이런 차이에 필자는 한 질문을 던지고 싶다. 이미지든 텍스트이든, 같은 생성형 인공지능인데, 어째서 초거대 언어 모델은 과거에 등장했던 생성형 인공지능들과는 궤를 달리하는 파급력을 가지는 것일까?

여러 답이 있을 수 있지만, 필자가 주목하는 차이는 생성하는 대상에 있다고 생각한다. 즉, 이미지가 아닌 텍스트를 생성해 주는 것이 더 파급력이 크다는 것이다. 그 이유는 현대 인류의 특징 – 인간은 소통하면서 텍스트를 주 매개체로 삼는다 – 을 생각하면 손쉽게 알 수 있다. 당장 필자가 집필하고 있는 이 책도 텍스트로 이루어져 있고, 회사 내에서는 수많은 보고서가 여러 사람을 넘나들며 정보를 전달하고 있다. 인터넷에는 방대한 양의 텍스트 정보가 산재해 있으며, 우리는 대부분의 문제를 자연어로 서술한다. 현대 사회에서 소통의 매개체인 텍스트를 생성할 수 있다는 것은 소통 그 자체를 대신할 수 있다는 것을 뜻한다. 반면, 이미지는 텍스트에 비해 그 활용도가 떨어진다. 그렇기에 같은 생성형 인공지능이지만, 언어를 생성하는 초거대 언어 모델이 유독 많은 주목을 받는 것으로 생각한다.

물론, 항상 텍스트가 의사소통의 주 매개체이지는 않았다. 고대 이집트의 상형 문자를 보면 알 수 있듯이, 이미지 또한 소통의 매개체로 활용할 수 있다. 그러나 이미지는 텍스트에 비해 여러 단점이 있다. 그중 하나는 전달하고자 하는 정보의 모호성이다. 같은 이미지를 보더라도 사람에 따라서 해석하는 뜻이 다를 수 있다. 이는 여러 뜻을 하나의 이미지에 함축했다고 볼 수도 있으나, 의사소통을 효율적으로 하고자 하는 입장에서는 분명한 걸림돌이다. 누군가가 전달하고자 하는 의미가 보는 사람마다 다르게 받아들여진다면 이는 여러 문제를 야기할 것이다. 예를 들어, '아들'이라는 뜻을 전달하기 위해 사람 한 명과 그보다 살짝 왜소한 사람을 그렸다고 생각해 보자. 당신은 이 이미지로 '아들'이라는 뜻을 전달하고자 했지만, 다른 사람이 해당 이미지를 봤을 때, 두 명의 사람을 보고 '무리'라고 생각할 수도 있을 것이다. 이처럼, 이미지를 효율적인 의사소통의 매개체로 쓰기에는 여러모로 부족한 점이 있다.

반면, 텍스트는 모호성이 훨씬 적다. '아들'이라는 단어와 '무리'라는 단어는 훨씬 쉽게 구별되며, 다른 사람이 읽어도 어느 정도 같은 의미로 이해할 수 있다. 그뿐만 아니라, 전산으로 많은 정보가 저장되는 현대 시대에서 이미지는 텍스트보다 많은 용량이 필요하다. 예를 들어, 작은 이미지 한 장만 하더라도 보통 몇 메가바이트 정도의 용량을 잡아먹는다. 비슷한 용량이라면, 많게는 몇만 자에 해당하는 텍스트를 저장할 수도 있을 것이다. 즉, 같은 용량이면 훨씬 많은 텍스트를 저장할 수 있기에 현대 시대에서 정보 전달의 주 매개체로서 텍스트의 입지는 더욱 견고해졌다.

따라서 현대 사회에서 텍스트를 생성할 수 있다는 것은 무궁무진한 활용성을 가지고 있다. 특히, 대부분의 문제는 결국 자연어로 서술될 수 있기 때문에, 언어에 대한 이해가 풍부한 초거대 언어 모델은 자연스럽게 여러 종류의 문제를 해결할 수 있는 능력이 있는 것이다. 간단한 일상 대화부터, 복잡한 수학이나 과학 문제 모두 결국 언어로 서술되기에, 언어를 다루는 초거대 언어 모델의 활용처가 끝이 없는 것이다.

일례로, 수많은 기업이 본인들의 비즈니스 문제 해결을 위해서 초거대 언어 모델 도입을 고려하고 있다(McKinsey & Company, 2024). 이는 분야를 막론하고 발생하는 거대한 흐름으로, 기존의 이미지만 생성하던 생성형 인공지능에서는 볼 수 없었던 특징이다. 역시, 분야가 다르더라도 결국 문제를 해결해야 한다는 점은 바뀌지 않고, 문제는 언어를 이용해서 서술되기 때문이다.

다만, 워낙에 빠른 기술 개발의 속도 때문에 아직 정확한 활용법이 정립되지는 않았고, 기업들은 각자들의 시행착오를 겪고 있다. 특히, 그중 대부분의 시행착오는 초거대 언어 모델로 해결하기 쉬운 문제와 어려운 문제를 제대로 구분하지 못하거나, 초거대 언어 모델 활용에 대한 체계적인 이해의 부족에서 기인한다고 생각한다. 즉, 특정 비즈니스 문제가 초거대 언어 모델 도입으로 해결하기에 적절한지 판단할 수 있고, 또 어떻게 해결하면 좋을지를 정리해 불필요한 시행착오를 줄이는 게 성공적인 초거대 언어 모델 도입을 통한 비즈니스 문제 해결로 나아가는 길이라고 생각한다.

하나 명심해야 할 점은, 초거대 언어 모델이 갑자기 하늘에서 뚝 떨어진 기술이 아니라는 것이다. 초거대 언어 모델은 기존의 자연어 처리 혹은 NLP(natural language processing) 분야에서 오랫동안 연구해 온 언어 모델 기술의 연장선에 있다고 이해하는 것이 더욱 정확하다. 그렇다면 기존의 언어 모델 기술은 무엇이고, 초거대 언어 모델은 이와 어떤 점이 다른 것일까?

기존의 언어 모델은 '언어'에 대한 이해를 머신 러닝(machine learning) 관점에서 접근한 기술이다. 머신 러닝은 통계에 기반한 인공지능 방법론으로, 데이터 속의 여러 패턴과 경향성을 이해하는 것으로 시작한다. 간단한 예를 들면, 머신 러닝 모델에 고양이 이미지를 잔뜩 보여 주면, 머신 러닝 모델은 고양이 이미지에 있는 여러 공통적인 시각적 특징을 파악한다. 이후에 해당 머신 러닝 모델에 새로운 고양이 이미지를 보여 주어도, 이미 고양이의 공통적인 특징을 이해한 모델이기 때문에 손쉽게 해당 이미지가 고양이 이미지임을 이해할 수 있다. 언어 모델 또한 마찬가지다. 위 예시에서 고양이 이미지를 한국어 텍스트로 바꾸기만 하면 이해에 큰 무리가 없다. 즉, 한국어 텍스트를 많이 보여 주면, 모델이 한국어 텍스트에 있는 공통적인 특징을 이해하게 된다. 이후, 새로운 한국어 문장이나 단어를 보여 주어도, 공통 특징을 이해한 모델은 신규 텍스트 또한 잘 이해할 수 있는 것이다.

언어 모델은 결국 특정 텍스트에 대해 이해하고 있는 모델이라고 생각할 수 있다. 이런 언어 모델의 활용처는 무궁무진하다. 단적으로, 긴 책이나 글을 요약해 달라고 할 수도 있다. 이때, 언어 모델이 긴 글에 대한 이해를 잘하고 있다면, 좋은 요약본을 만들어 줄 것이다. 또는 특정 문장에 담긴 감정을 분류해 달라고 할 수도 있다. 사실상 언어로 서술이 가능한 문제는 이론적으로는 언어 모델을 이용하면 해결할 수 있는 것이다.

물론, 이론적으로 그렇다는 것이지 실제로 언어 모델이 해결할 수 있는 문제의 범위는 무제한하지 않다. 이는 언어 모델이 결국 머신 러닝 방법론임을 잊지 않으면 쉽게 이해할 수 있다. 예를 들어, 위의 예시에서 고양이 이미지만 주야장천 보여 준 모델한테 갑자기 강아지 이미지를 보여 주면 어떻게 될까? 당연하게도 고양이 이미지만 본 모델은 강아지 이미지에 대한 이해도가 떨어질 것이다. 이는 언어 모델 또한 마찬가지다. 결국, 유한한 양의 텍스트를 보고 만들어진 언어 모델은 해당 텍스트에 속해 있지 않은 문제에 대해서는 그 이해도가 모자랄 수밖에 없는 것이다. 즉, 머신 러닝 모델한테 보여 준 데이터의 한계가 곧 해당 모델의 한계인 것이다.

언어 모델의 한계에 대한 원인을 발견했으니 이를 해결하려는 시도가 많았음은 자명하다. 많은 연구자가 더 많은, 다양한, 품질이 좋은 데이터를 모아서 언어 모델을 만들고자 했다. 결국, 데이터를 더 보강하고 증가시키면 더 많은 문제를 해결할 수 있을 것이라는 믿음이 있었기 때문이다. 그러나 데이터만 늘린다고 해결되는 문제는 아니었다. 사람한테 무한정 지식을 습득하게 할 수 있지 않다는 것은 널리 알려져 있다. 이는 개개인의 정보 처리 능력의 한계라고 이해할 수 있는데, 머신 러닝 모델 또한 마찬가지다. 머신 러닝 모델 또한 여러 크기와 용량을 가지고 있고, 이 용량을 초과해서 지식을 넣을 수는 없다. 즉, 데이터를 계속해서 많이 모아도, 모델의 용량이 부족하면 말짱 도루묵이라는 것이다. 결국 데이터와 모델의 용량을 같이 증가시켜야 하는 것이다.

이론적으로는 데이터와 모델의 용량을 증가시키면 된다. 그러나 현실적으로 이 두 요소를 무한히 증가시킬 수는 없다. 그 이유는, 많은 지식을 큰 용량의 모델에 넣는 것은 시간이 오래 걸리기 때문이다. 즉, 데이터를 아무리 많이 모아 두고, 모델의 용량을 아무리 많이 키워도, 실제로 해당 데이터에서 모델한테 지식을 주입하는 데 충분한 시간을 투자해야 한다는 것이다. 결국 데이터의 수량, 모델의 용량, 그리고 시간, 이 삼박자를 모두 증가시켜야 하는 것이다. 그러나 어떤 의미에서는 위 결론은 제한 혹은 족쇄라기보다는 일종의 축복이다. 세 가지 요소를 키우기만 하면 성능이 올라간다고 보장해 주는 것과 다름없기 때문이다.

실제로 세 가지 요소를 키웠을 때 성능이 계속 올라가는지, 혹은 어느 순간 한계에 봉착하는지에 대한 연구 결과가 있었다(Jared Kaplan, et al., 2020). 이를 통해서 사람들은 위 세 가지 요소 혹은 스케일(scale)을 키웠을 때 계속해서 성능 개선이 있을 것으로 생각했고, 너도나도 더 많은 데이터, 더 큰 모델, 그리고 더 긴 시간을 투자하기 시작했다. 바야흐로 초거대 언어 모델 시대의 시작이었다. 이때부터 언어 모델의 스케일 단위가 억에서 천억, 그리고 조 단위를 넘어서게 되었다.

다만, 초거대 언어 모델이 단순히 언어 모델의 스케일을 키운 것은 맞지만, 그 특징이 같지는 않다. 특히, 일정 스케일 이상의 언어 모델은 기존에는 없던 여러 특징을 갑자기 띠게 되는데, 이를 보통 초거대 언어 모델의 창발적인 능력이라고 한다(Jason Wei, et al., 2022). 창발적인 능력에는 두 가지 의미가 내포되어 있다. 첫째는, 기존에는 없던 능력이 생겼다는 것이다. 둘째는, 서서히 그 위력이 강해지는 능력이 아니라, 특정 스케일을 기점으로 갑작스럽게 발현되는 능력을 의미한다. 이 창발적인 능력의 대표적인 예시가 바로 신규 문제에 대한 이해다. 예컨대, 초거대 언어 모델을 만들 때 사용한 데이터에는 없는 형태의 질문을 상상해 보자. 기존의 언어 모델은 데이터에 없는 질문에 대해서는 제대로 대응하지 못했다. 애초에 이런 신규 질문에 대한 대응을 더 잘하기 위해서 데이터를 더 많이 모으는 것을 시도했으니 말이다. 그러나 초거대 언어 모델 같은 경우, 처음 보는 문제여도 해당 문제에 대한 설명을 자연어로 서술해 주면 감쪽같이 해당 질문에 대해서 잘 대응하게 된다. 이는 기존의 언어 모델에서는 볼 수 없었던 특징이다.

이는 어찌 보면 일종의 메타 인지라고 이해할 수도 있다. 즉, 초거대 언어 모델이 문제에 대한 서술을 이해함으로써 문제에 대한 대응 능력이 상승하는 것이다. 이는 결국 문제에 대한 서술 역시 자연어로 이루어지기 때문에, 자연어에 대한 이해가 매우 깊은 모델이면 문제에 대한 서술 또한 이해할 수 있게 된다는, 다소 황당한 결론이라고 할 수 있다. 굳이 비유하자면, 아기가 처음 말하는 것에 빗대어 설명할 수 있을 것이다. 아기가 처음 말하기 전까지는 언어로 소통하기가 매우 어렵다. 그러나 특정 시점이 지나서 아기가 처음 말하게 되면, 무서울 정도로 빨리 말을 배우게 되고, 말로써 할 수 있는 것에 대한 한계가 없어지게 된다. 예컨대, 말을 배운 시점 이후에 원론적으로 아기가 못 배울 말은 없다는 것이다. 초거대 언어 모델 또한 비슷하다. 특정 스케일을 넘어서면, 창발적인 능력에 따라서 처음 보는 문제도 척척 해결할 수 있게 된다.

이런 초거대 언어 모델의 창발적인 능력은 실로 유용하다. 기술적으로 봤을 때는 기존에 여러 자연어 처리 기술을 초거대 언어 모델이라는 하나의 기술로 통합한 것으로 이해할 수 있다. 요약을 잘하는 언어 모델, 감정 분류를 잘하는 언어 모델 등 분리할 필요 없이 하나의 초거대 언어 모델을 사용하면 되는 것이다. 처음 보는 질문이 발생해도 창발적인 능력으로 해결할 수 있기 때문에 여러 자연어 처리 기술을 분리할 필요가 사라진 것이다. 그뿐만 아니라, 사실 창발적인 능력이 아니어도 초거대 언어 모델은 일반적인 언어 모델보다 몇 배에 달하는 데이터와 모델 용량을 자랑한다. 따라서 이미 한번 본 문제 또한 압도적으로 많다는 것이다. 즉, 순전히 기술적인 입장에서는 초거대 언어 모델은 굉장한 혁신이다.

비즈니스적인 관점에서 봤을 때도 초거대 언어 모델

은 혁신적이다. 기존의 자연어 처리 기술로는 너무 복잡해서 구현하기 어려웠던 것이 훨씬 단순한 구조로 가능해진 것이다. 예를 들어, 본인이 요약도 하고, 분류도 해주는 자연어 처리 시스템을 만들려고 했다면, 기존에는 두 개의 기술을 잘 통합해야 했다. 그러나 이제는 초거대 언어 모델 하나만 사용해도 되는 것이다. 즉, 기존에는 불가능하거나 어려웠던 새로운 가치 창출이 가능해진 것이다.

그뿐만 아니라, 비용을 줄이는 데도 초거대 언어 모델이 오히려 도움이 될 수도 있다. 초거대 언어 모델을 만드는 데는 큰 비용이 들지만, 실제로 이런 모델을 서비스하는 업체들은 생각보다 저렴한 비용 정책을 펼치고 있다. 본인이 직접 초거대 언어 모델을 만드는 것이 아니라면, 모델 성능에 대비해 상당히 저렴한 가격으로 이용할 수 있는 것이 초거대 언어 모델이다.

궁극적으로 보았을 때, 초거대 언어 모델이라는 기술이 가지는 장점은 만능이다. 사람이 언어로 소통하기 시작한 이후, 언어로 서술이 불가능한 문제는 없다. 서술이 불가능하다면 사람이 해당 문제에 대해서 논할 수 없기 때문이다. 초거대 언어 모델은 언어를 매우 잘 이해하는 모델이고, 처음 보는 문제의 서술만 가지고도 해당 문제에 대한 이해도가 높아지는 창발적인 능력 또한 가지고 있다. 이 두 가지를 같이 생각하면 결국 초거대 언어 모델이 발전할수록 점점 해당 모델로 해결하기 어려운 점들이 줄어들 것이라고 상상할 수 있다. 즉, 단순히 이미 해당 모델로 해결할 수 있는 문제에서의 성능이 오르는 것에서 그치지 않고, 지금은 해당 모델로 해결할 수 없는 문제도 결국 해결할 수 있는 것의 범주로 들어올 것이다.

이는 이미지 생성 모델하고는 확연히 다르다. 예를 들어 이미지 생성 모델이 매우 발전한다고 가정해도, 사람이 하는 일 중에 해당 모델이 못하는 일이 너무 많다. 예시를 들면, 이미지 생성을 잘해도 내 보고서를 대신 써 줄 수는 없다. 보고서뿐만 아니라, 일상적인 대화 역시 못한다. 결국 사람이 이미지를 매개체로 하는 일보다 텍스트를 매개체로 하는 일이 훨씬 많기에 초거대 언어 모델의 활용처가 넓을 수밖에 없다. 여기에 창발적인 능력까지 더해지면 초거대 언어 모델이 우리의 일상에서 얼마만큼의 비중을 차지할지 쉽사리 단언하기 어렵다.

단기적으로 봤을 때도 여러 기업이 해당 기술을 활용하려고 혈안이 되어 있고, 장기적으로 봤을 때는 기술의 특성상 활용처가 계속 넓어질 것으로 생각되는 것이 초거대 언어 모델이다. 물론, 미래에 이 기술이 어떻게 발전할지는 미리 알기가 어렵다. 그러나 이미 현재의 성능으로도 많은 비즈니스에서 혁신을 일으키고 있다. 이에, 초거대 언어 모델이 연 새로운 시대에서 뒤처지지 않기 위해서 많은 기업이 초거대 언어 모델 도입을 시도하고 있다. 본 저서는 이런 시도를 위한 정보를 모아 두고, 여러 예시를 통해서 이해를 돕고자 작성했다.

참고문헌

Christopher M. Bishop(2006.8.17). *Pattern recognition and machine learning.* Springer New York, NY.

Jared Kaplan, et al.(2020). Scaling laws for neural language models. arxiv.org

Jason Wei, et al.(2022). Emergent abilities of large language models. *Transactions on machine learning research.*

McKinsey & Company(2024). The state of AI in early 2024: Gen AI adoption spikes and starts to generate value, https://www.mckinsey.com/capabilities/quantumblack/our-insights/the-state-of-ai

Viola Zhou(2023.4.11). AI is already taking video game illustrators' jobs in China, Rest of World https://restofworld.org/2023/ai-china-video-game-layoffs-illustrators/

01
초거대 언어 모델과 개인

챗지피티(ChatGPT)와 초거대 언어 모델의 등장은 전 세계를 놀라게 했다. 기존 인공지능과는 다른 강건하고 범용적인 성능 덕분에, 챗지피티는 출시 한 달 만에 1억 명 이상의 사용자를 확보했다. 초거대 언어 모델은 초기에 검색을 대체하는 움직임을 보여 주었고, 나아가서는 인공지능 비서로의 길을 열어 주었다. 또한 여러 방면으로 업무 생산성을 증대하는 데 기여하고 있기에, 수많은 사람들이 여전히 초거대 언어 모델을 매일 사용하고 있다.

검색 대체제로의 부상

초거대 언어 모델의 특징 중 하나를 꼽자면 바로 손쉬운 사용성이다. 기존의 인공지능 서비스와 다르게 별도의 준비나 전문적인 지식 없이도 손쉽게 자연어 형태로 질문하고, 역시 자연어 형태로 답변을 받는 사용 방식은 여러 사람들에게 큰 호응을 받았다. 예를 들어, 챗지피티를 사용하기 위해 해당 사이트에 접속하면, 메신저 애플리케이션과 비슷한 사용자 인터페이스를 확인할 수 있다. 내가 하나의 메시지를 보내면, 초거대 언어 모델이 그에 대해 답변하는 방식으로 대화를 쌓아 나가는 것이다. 복잡한 프로그래밍이나 인공지능 관련 배경지식이 없어도 전혀 무방한 사용법이다. 기존의 많은 사람들이 이용하던 메신저 앱에서 상대방을 인공지능으로 바꿨다고 이해하면 된다. 초거대 언어 모델이라는 기술을 접하는 데 진입 장벽은 거의 없는 수준이었고, 이는 빠르게 증가하는 사용자 수 추이에도 잘 반영되었다.

물론, 기존에도 자연어 질문을 하고 답변을 받을 수 있는 인공지능 서비스들은 있었다. 그뿐만 아니라, 챗지피티와 유사한 사용자 인터페이스를 채택하는 경우도 왕왕 있었다. 그러나 기존에 존재하던 서비스들은 초거대 언어 모델과 비교하자면 정말 미약한 사용자 수를 확보했다. 즉, 사용자 인터페이스는 좋았지만 기술 자체의 성숙도가 모자라서 사용자한테 별로 유용하지 못한 경우인 것이다. 하지만 초거대 언어 모델은 과거에 존재했던 인공지능 서비스와는 차별화된 성능을 자랑해 사용자들은 무심코 던진 질문에도 예상치 못한 훌륭한 답변을 받으며 놀라워했다. 특히, 챗지피티 같은 서비스는 아주 다양한 분야와 형태의 질문들에도 능숙한 답변을 하는 모습을 자주 보여 주었고, 소문은 빠르게 퍼졌다.

챗지피티는 단순한 말장난에도 적절한 답변을 해 주는 것은 물론, 요약, 감정 분석, 의도 분석 등 여러 개의 자연어 처리 관련 문제를 잘 해결해 주었다. 이는 자연어 처리 분야를 연구하던 사람들 입장에서는 가히 혁신적인 것이었다. 하나의 초거대 언어 모델만으로 여러 개의 자연어 처리 서비스를 구현할 수 있게 된 것이다. 이뿐만 아니라, 금융, 법률, 의료 등 여러 전문 분야 관련 질문이나 시험도 원활히 통과하는 모습을 보여 주며 그야말로 자연어 관련해서는 '만능'에 가까운 능력을 선보인 것이다.

이렇게 다양한 분야와 난이도의 질문에 적절한 답변을 주는 챗지피티는 빠르게 사용자를 확보했다. 확보된 사용자들은 챗지피티의 뛰어난 성능에 인공지능 모델과 대화하는 것에서 점점 모르는 것을 물어보는 형태로 사용하게 되었다. 이후에 우리는 챗지피티에 질문을 던지는 것이 서서히 검색의 영역으로까지 퍼지는 모습을 보았다(Sofia Blum, 2022.12.15).

기존에 사람들은 잘 모르는 것이 있을 때 구글(Google) 등의 검색 서비스를 이용했다면, 초거대 언어 모델의 등장 이후로 챗지피티 등의 초거대 언어 모델 기반 서비스에 해당 질문을 던지는 빈도가 점점 늘어났다. 여러 소셜 미디어에서는 본인이 던진 질문과 챗지피티의 답변을 공유하는 글이 많아졌고, 많은 사람들이 챗지피티의 답변을 검색 결과만큼이나 신뢰하는 흐름이 생겼다. 이러한 흐름은 답변의 형태가 검색 결과와 다른 데에서도 기인했다고 생각한다. 예를 들어, 기존 검색 서비스는 내 질문에 대해서 여러 개의 검색 결과를 주고, 사용자가 이를 하나하나 읽으면서 스스로 '답변'을 선택해야 한다. 반면, 챗지피티는 하나의 답변만을 생성해준다. 즉, 여러 결과를 읽고 스스로 판단해야 하는 과정이 생략된 것이다(Elliot Graebert, 2023.9.19). 만약 챗지피티와 같이 답변의 신뢰성이 어느 정도 보장된다면, 초거대 언어 모델을 편리한 검색 도구로 활용할 수 있는 것이다.

특히, 최근에는 검색 결과에 무수히 많은 글이 있어서 정보의 홍수를 뚫고 원하는 결과를 찾아야 한다. 이런 현대 사회의 상황을 고려해 보면, 여러 검색 결과 중에서 답변을 고를 필요가 없다는 것은 생각보다 큰 장점이다. 항상 하나의 답변만 준다는 것이 어찌 보면 답변의 다양성을 해친다고 볼 수도 있지만, 챗지피티의 사용자가 폭발적으로 증가한 것을 보면 사람들은 여러 검색 결과에서 좋은 답변을 찾기를 더 귀찮아한다고도 생각할 수 있을 것 같다.

인공지능 비서

초거대 언어 모델은 단순히 검색을 대체하는 것을 넘어, 기존 검색 서비스로는 하기 어려운 일들도 가능하게 했다. 예를 들어, 간단한 소풍 계획을 짜 달라는 질문을 구글 등의 서비스에 검색한다고 해도 괜찮은 답변을 얻기 힘들다. '소풍'과 관련한 여러 글을 검색해 줄 수는 있지만, 소풍 계획을 알려 주지는 않는다. 여러 검색 결과를 읽어 보고, 그 안에 있는 정보를 취합해서 사용자가 스스로 계획을 구성해야 하는 것이다. 그러나 챗지피티에 비슷한 질문을 하면 꽤 도움이 되는 계획을 바로 제시해 준다. 어찌 보면 이는 단순히 작성된 글을 검색하는 것과,

사용자의 질문에 답변을 생성해 주는 것의 차이일지도 모른다. 그러나 개인 입장에서는 기존 검색을 통해서 해결하기 어려웠던 것들이 가능해지기 시작한 것이라고 볼 수도 있다(Hui Yang, et al., 2023).

또한 답변에 대해 추가 질문을 할 수 있다는 차이도 있다. 예를 들어, 챗지피티가 소풍 계획을 제시했을 때, 마음에 들지 않는 부분이 있다면 이를 지적할 수 있다. 그러면 챗지피티는 내가 지적한 부분을 바탕으로 다시 계획을 수정해 준다. 이러한 피드백을 주는 과정은 내가 원할 때까지 계속할 수 있다. 즉, 단발성으로 질문하는 것이 아닌 마치 사람과 여러 번 대화를 주고받듯이 질문할 수 있는 것이다. 이는 기존 검색 서비스에서는 불가능했던 영역이다.

결국, 초거대 언어 모델은 기존의 검색을 대체하는 것을 넘어서 전용 인공지능 비서의 역할을 하는 것에 더 가까워진 것이다. 이는 초거대 언어 모델을 여러 방면으로 활용하는, 이른바 에이전트(agent)라는 개념이 생기면서 더욱 발달하고 있다. 에이전트란 일종의 목적을 가지고 작업을 수행하는 추상적인 객체이며, 보통 초거대 언어 모델을 이용해서 구현한다. 예를 들어, 오늘의 날씨를 알려 달라는 질문을 받았을 때, 단순히 초거대 언어 모델한테 물어보는 것으로도 답변을 얻을 수 있지만, 이는 정확하지 않을 가능성이 있다. 반면, 에이전트를 이용하는 방법에서는 우선 초거대 언어 모델한테 오늘의 날씨를 알려 주기 위해서는 어떠한 작업을 수행해야 하는지 물어본다. 그러면 초거대 언어 모델이 기상 정보를 검색하고, 해당 정보를 바탕으로 오늘의 날씨를 요약해 주면 된다 등의 답변을 해 준다. 그러면 우리는 기상 정보를 검색하는 과정을 수행하고, 해당 정보를 다시 초거대 언어 모델한테 주어 요약해 달라고 하는 것이다. 물론, 기상 정보를 검색하는 과정 등도 직접 하는 것이 아니라 프로그램의 도움을 받아서 자동으로 할 수 있다. 초거대 언어 모델을 바로 사용하는 것에 비하면 에이전트를 사용하는 방식은 최신 기상 정보를 바탕으로 오늘의 날씨를 알려 줄 수 있다는 이점이 있다. 이러한 에이전트는 초거대 언어 모델이 단순한 질문뿐만 아니라, 질문에 대한 질문 – 날씨를 알려 주기 위해서 어떤 작업을 해야 하는지 – 에도 적절한 답변을 해 주는 능력이 있기 때문에 구현이 가능한 것이다. 초거대 언어 모델을 바로 이용하는 것을 넘어서 에이전트 방식으로 활용하게 되면, 정말 단순한 검색을 넘어선 일종의 인공지능 비서로 기능할 수 있는 것이다.

이러한 초거대 언어 모델의 유용함은 일상적인 업무에서도 두각을 나타낸다. 예를 들어, 직장에서 보고서 요약이 필요한 경우 초거대 언어 모델을 통해서 손쉽게 요약본 초안을 얻을 수 있다. 그뿐만 아니라, 중요한 이메일 작성에 도움을 받을 수도 있고, 전문 지식이 필요한 복잡한 질문들까지도 쉽게 질문하고 답변을 얻을 수 있다. 이런 범용적인 유용함은 챗지피티가 많은 직장인 사용자를 거느리게 해 주었다. 최근에는 몇몇 기업에서 보안상의 이유로 초거대 언어 모델 서비스에 접근을 제한할 정도로 이 기술이 널리 사용되고 있다(김익환, 2023.5.2).

업무 생산성

업무의 생산성을 높여 주는 도구들은 언제나 존재해 왔다. 다양한 질문에 대해 답변을 해 주는 초거대 언어 모델 또한 업무 생산성을 높여 주는 도구로 널리 활용될 여지가 있다. 특히 초거대 언어 모델은 단순 자연어에만 능통한 것이 아니다. 컴퓨터에 설치된 여러 프로그램을 만드는 행위를 흔히 코딩 혹은 프로그래밍이라고 부른다. 이때 자연어가 아닌 특수한 언어로 프로그램들의 동작 방식을 서술하게 되는데, 여기서 사용되는 특수한 언어를 프로그래밍 언어라고 한다. 놀랍게도, 초거대 언어 모델은 자연어뿐만 아니라 이 프로그래밍 언어에도 능통하다. 즉, 초거대 언어 모델은 여러 작업을 자동화할 수 있는 프로그램이라는 도구를 만들 수 있는 도구인 셈이다.

본래 프로그래밍 언어를 활용하기 위해서는 오랜 시간 공부해서 전문성을 쌓아야 한다. 프로그래밍 언어를 통해서 여러 문서 작업이나 반복 작업 등을 효율화할 수 있지만, 이는 꽤 높은 난도를 가지는 작업으로, 프로그래밍을 업으로 하지 않는 이상 활용하기 어려운 방법이다. 그러나 초거대 언어 모델의 등장으로 간단한 프로그래밍의 진입 장벽이 매우 낮아졌다. 완전한 애플리케이션을 만드는 것이 아니라 반복 작업을 자동화하는 수준의 프로그램은 초거대 언어 모델한테 만들어 달라고 질문하면 그럭저럭 잘 만들어 준다.

프로그램이라고 해서 엄청 복잡하고 어려운 것이 아니다. 예를 들어, 사무직에서 많이 사용하는 엑셀의 함수 기능 또한 일종의 프로그램이다. 여러 값 간의 관계를 특정 계산식을 적용해서 정의하면, 손으로 하나하나 계산하는 것보다 훨씬 빠르고 정확하게 숫자를 채울 수 있다. 다만, 이 함수 기능을 효과적으로 사용하는 것 또한 경험과 연습이 필요한데, 초거대 언어 모델을 이용하면 수월하게 함수 계산식을 얻을 수 있다. 단지 초거대 언어 모델한테 사용자가 원하는 계산식을 설명하고 몇 가지 예시를 주기만 하면 된다. 기존에 엑셀을 사용하던 사람뿐만 아니라 엑셀이 어려워서 제대로 활용하지 못했던 사람도 초거대 언어 모델의 도움을 받으면 업무 생산성이 증대되는 것이다.

보다 직접적으로 프로그래밍 언어에 능통한 초거대 언어 모델을 활용하는 방법 또한 있다. 예를 들면, 코딩 자동 완성기 같은 애플리케이션이 있다 . 보통 자동 완성기는 검색 서비스에서 많이 경험해 보았을 것이다. 내가 원하는 단어를 전부 타이핑하지 않아도 알아서 완성되는 기능인데, 이는 검색에 국한되어 있지 않은 것이다. 코딩은 자연어가 아닌 프로그래밍 언어를 이용한다. 당연하게도 일반적인 자연어 서술보다 복잡하고, 전문적인 교육 없이는 빠르고 정확하게 수행하기 어렵다. 만약, 이런 어려운 서술을 자동으로 완성해 주는 기능이 있다면 얼마나 수월할까?

코딩 자동 완성기는 프로그래밍 언어를 이용해 프로그램을 작성할 때, 서술을 자동으로 완성해 준다. 일반적인 자동 완성기보다 훨씬 더 많은 양을 자동으로 완성해 주기도 한다. 이는 프로그래밍 언어 특성상 구조적으로 비슷한 서술을 많이 하는 데서 기인하는데, 초거대 언어 모델로 구현한 코딩 자동 완성기는 비슷한 구조의 서술을 자동으로 완성해 주는 성능이 뛰어난 편이다. 비유를 들자면, 행인들을 보면서 그들의 옷차림을 서술하고 있다고 상상해 보자. 첫 번째 사람은 빨간색 셔츠에 가죽바지, 두 번째 사람은 흰 셔츠에 청바지 등, 비슷한 형태의 서술을 여러 번 반복할 것이다. 코딩 자동 완성기를 이용하면, 첫 번째 서술 이후 다른 사람들에 대한 서술을 자동으로 완성해 준다. 코딩을 업으로 삼는 사람 입장에서는 혁신적인 업무 생산성 도구인 것이다. 초거대 언어 모델은 검색을 대체하고, 인공지능 비서의 길을 열었으며, 수많은 사람들의 업무 생산성을 높여 줄 수 있는 강력한 도구다.

참고문헌

김익환(2023.5.2). 삼성전자, 챗GPT 사용금지…"회사 기밀 외부로 유출 우려". ≪한국경제≫, https://www.hankyung.com/article/2023050281631

Elliot Graebert(2023.9.19). How I replaced Google with ChatGPT. Medium, https://medium.com/@elliotgraebert/how-i-replaced-goo

gle-with-chatgpt-1b3718694c35
Hui Yang, et al.(2023). Auto-GPT for online decision making: Benchmarks and additional opinions. arxiv.org.
OpenAI(2024). SearchGPT Prototype, https://openai.com/index/searchgpt-prototype/
Sofia Blum(2022.12.15). Google vs. ChatGPT: Here's what happened when I swapped services for a day. CNBC, https://www.cnbc.com/2022/12/15/google-vs-chatgpt-what-happened-when-i-swapped-services-for-a-day.html

02
초거대 언어 모델과 기업

초거대 언어 모델의 등장은 수많은 기업의 행보를 크게 변화시켰다. 해당 기술의 등장으로 인해 많은 인공지능 기업이 혁신을 시도하게 되었다. 그뿐만 아니라, 기존에 인공지능과 접점이 없던 기업들조차도 이제는 인공지능 도입에 관심을 보인다. 또한 수십 년 동안 쌓아 올린 세계적인 기업의 아성 또한 초거대 언어 모델의 등장으로 위협받고 있다.

인공지능 기업들

초거대 언어 모델의 등장으로 직격탄을 맞은 것은 기존의 인공지능 기업들이다. 물론, 인공지능 분야가 매우 넓어 초거대 언어 모델과 무관한 사업을 영위하던 기업들도 많았다. 예를 들어, 사용자의 기록을 바탕으로 상품을 추천해 주는 서비스를 만드는 기업도 많았다. 그뿐만 아니라, 영수증이나 보험 서류 등의 문서에서 필요한 정보를 자동으로 추출해 주는 사업을 하는 기업도 많이 있었다. 여기에서 다 언급하기 힘들 정도로 인공지능 분야에서 사업을 하는 기업들은 정말 다양하다. 그러나 인공지능으로 성공적인 비즈니스 가치를 창출한 사례가 매우 적었고, 인공지능 분야 전체에 대한 관심도도 서서히 사라지는 추세였다(안상현, 2023.2.24). 예컨대, 아직 인공지능의 비즈니스 성공 방정식을 찾지 못한 것이다. 이는 장비 비용으로 인해 초기 투입 비용이 어느 정도 발생하는 인공지능 기업 입장에서는 바람직한 시류는 아니다.

이런 상황 속에서 세계의 주목을 받은 초거대 언어 모델은 많은 인공지능 기업에 일종의 구원 줄이자 거대한 변혁이었다. 다른 여러 인공지능 기술을 합친 것이 초거대 언어 모델이라는 기술 하나에 쏠린 관심도를 넘어서

지 못할 정도로 초거대 언어 모델은 전 세계가 주목하는 거대한 흐름이었다. 이는 인공지능 기업들 입장에서는 기묘한 상황을 만들어 내기 시작했다. 예컨대 몇 년 동안 진행하던 사업보다, 당장 흐름을 타는 초거대 언어 모델이 더 유망해지기 시작한 것이다. 기존의 인공지능 사업을 지속하는 것보다 초거대 언어 모델 관련 신사업을 추진하는 것이 더 많은 관심과 투자를 받게 되었다. 인공지능 사업에서 윤활유 같은 역할을 하는 시스템 구축 업체들 또한 발 빠르게 대응했다. 시스템 구축 업체들은 보통 기존 인공지능 기업에서 개발한 여러 모델을 설치해 주고 유지보수를 해 주는 사업을 진행했다. 그러나 많은 인공지능 분야의 기업이 기존 기술을 기반으로 만든 모델이 아니라 초거대 언어 모델 위주로 사업을 재편하면서 시스템 구축 업체들도 주로 다루는 인공지능 모델이 초거대 언어 모델로 바뀐 것이다. 여러 인공지능 기업은 앞다투어 초거대 언어 모델 전문 회사로 탈바꿈했고, 주력 사업의 방향 또한 과감히 바꾸는 결단을 내렸다.

앞서 설명한 것처럼, 인공지능의 분야는 매우 넓어 초거대 언어 모델과 무관한 사업을 하던 기업도 많았다. 그러나 이런 기업조차도 너도나도 초거대 언어 모델로 방향을 틀었는데, 기존 사업 영역이 초거대 언어 모델의 영향을 강하게 받는 기업들은 더욱 심했다. 해당 분야 기업은 변화를 수용하는 데 선택권조차 없이 초거대 언어 모델 흐름에 죽기 살기로 올라탔다.

대표적인 예시 중 하나가 바로 인공지능 콘택트 센터(AICC) 사업을 하던 기업이다. 해당 사업은 고객의 질문과 의도를 파악하고 상담을 해 주는 콘택트 센터, 혹은 콜센터 업무에 인공지능을 접목해 가치를 창출한다. 크게 보면 인공지능 상담사가 실제 사람을 대체해 고객 상담을 진행하고, 작게는 상담 내용 분석을 통해서 상담 직원에게 여러 상담 지식이나 방향 등을 추천해 주는 서비스들이 있다. 기존에는 인공지능 콘택트 센터를 구현하기 위해서 내부적으로 많은 인공지능 기술이 필요했다. 예를 들어, 고객의 의도를 분류하는 기술, 요약을 하는 기술, 상담 내용을 추천하는 기술 등 다양한 기술들의 집합으로 인공지능 콘택트 센터를 만들었다. 하지만 초거대 언어 모델이 등장하면서 다양한 인공지능 기술을 하나의 모델로 대체할 수 있게 되었고, 더욱 향상된 서비스 개발이 가능해졌다(Google Cloud, 2024). 따라서 기존 기술을 고집하기에는 더 간단하고 사용자 체감도 좋은 대안이 생긴 것이다. 해당 사업을 하던 기업은 초거대 언어 모델의 등장으로 기존 주력 사업의 판도 자체가 바뀌어 버렸다.

인공지능 기업들을 넘어서서

초거대 언어 모델은 인공지능 기업뿐만 아니라 다양한 분야의 기업에도 큰 영향을 끼쳤다. 초거대 언어 모델은 기존 인공지능 기술보다 훨씬 다양한 분야에서 좋은 성능을 보여 주었다. 예를 들어, 일상적인 대화도 잘하고, 복잡한 사고가 있어야 하는 질문에도 잘 대응한다. 여러 전문 지식이 필요한 경우에도 괜찮은 결과를 보여 준다. 즉, 단순히 지엽적인 활용에 그치는 것이 아니라 정말 다양한 분야의 사업에서도 활용할 수 있는 인공지능 기술이 등장한 것이다. 이에 여러 기업의 신사업 개발 부서에서 초거대 언어 모델 관련 사업을 새로 수주하고자 했다. 아직 초거대 언어 모델의 한계가 명확하지 않은 시점에서, 혼자만 해당 기술을 본인 사업에 접목하려는 시도를 안 할 수는 없는 것이다.

또한 초거대 언어 모델 기술이 가지는 이미지 그 자체도 기업에 긍정적이다. 초거대 언어 모델의 인기가 워낙 커서, 그와 관련한 사업을 진행하는 것 자체가 해당 기업에 긍정적인 영향을 미치는 경우가 발생하는 것이다. 인공지능 분야에서 가장 주목받고 있는 신기술을 사업에 접목하는 시도는 성공 여부보다는 시도 그 자체가 더 중요한 것이다. 이에, 세계적으로 성공한 신기술을 도입하기 위해 신중한 검토보다는 빠른 속도를 선택한 기업들이 많아졌고, 초거대 언어 모델 관련 사업들이 우후죽순 생겨났다.

그중에는 기존에는 보기 힘들었던 기상천외한 유형의 사업들도 왕왕 존재했다. 일례로, 가상 아이돌과 대화할 수 있는 채팅 서비스를 개발하고, 초거대 언어 모델한테 해당 가상 아이돌 역할을 맡기는 사업도 있었다(김재섭, 2024.1.18). 해당 사업을 통해서 가상 아이돌과 팬들이 소통할 수 있는 장을 만드는 것이다. 초거대 언어 모델을 이용하면 일상적인 대화도 자연스럽게 할 수 있다는 것에서 착안한 것이다. 이때, 각 아이돌 멤버마다 저마다의 개성이 있고, 이를 초거대 언어 모델을 통해 구현해 실제 아이돌 멤버와 대화하고 있다는 느낌을 살리는 것이 특징이다. 다만, 시간이 지남에 따라서 초거대 언어 모델을 도입하는 것 자체가 목적인 사업보다는 실제 비즈니스 가치를 만들 수 있는 사업을 찾는 기업이 늘어나고 있다.

초거대 언어 모델을 활용해 비즈니스 가치를 만들 때 중요한 부분은 사내 지식에 대한 활용이다. 사내 지식을 활용하지 않고 시중의 초거대 언어 모델만을 이용하는 것은 결국 경쟁력이 없다는 것과 일맥상통하기 때문이다. 예컨대, 우리 기업 내에 존재하는 사내 기록들, 혹은 보험, 의료 관련 전문 지식 등을 초거대 언어 모델이 적절히 이해하고 이를 바탕으로 여러 답변을 하는 것이 다른 기업이 따라 할 수 없는 비교 우위를 만들어 준다.

보통 이런 답변을 이용해 기존에 사람이 의사 결정을 하는 일부를 대체하고자 한다. 예를 들어, 대출 관련 서류를 보고 사람이 대출 승인 결정을 하는 것을 대체하고자 하는 것이다. 서류에 있는 텍스트 정보를 추출하고, 이를 초거대 언어 모델한테 주면서 대출을 승인해야 하는지 묻는 것이다. 이런 활용은 단순 검색으로 알 수 있는 지식의 범주를 넘어서는 능력을 요구하는 경우가 많고, 개인과 기업이 초거대 언어 모델을 사용할 때 나타나는 중요한 차이 중 하나다.

사람의 의사 결정 일부를 대체하려면 초거대 언어 모델을 통해 얻은 답변의 품질이 좋아야 한다. 답변의 품질을 높이기 위해서는 해당 의사 결정과 유관한 사내 지식을 초거대 언어 모델에 적절히 주입할 필요가 있다. 예를 들어 대출 승인 결정에 대한 질문을 할 때, 제출한 문서의 어느 정보를 주로 봐야 하고, 어떤 기준으로 결정을 내리는지에 대한 정보를 주는 것이 답변의 품질을 높이는 데 유리하다는 것이다.

결국 사내 지식을 초거대 언어 모델에 주입하기 위해서 다양한 시도를 하고, 사내 지식이 있어야만 해결할 수 있는 질문에 답변할 수 있도록 하는 것이 초거대 언어 모델 도입에서 중요한 과제다. 예를 들어, 특정 기업에서 판매하는 여러 보험 상품 약관에 대한 지식을 잘 이해하는 초거대 언어 모델을 확보하면, 다양한 보험에 관련한 여러 질문에 전문적으로 대답할 수 있는 인공지능 서비스를 구축할 수 있을 것이다. 이를 통해서 보험 관련 상담 업무를 자동화하는 사업을 구상하는 등, 사내 지식이 탑재된 초거대 언어 모델은 많은 기업들의 미래 사업에서 주춧돌 역할을 할 가능성이 크다.

빅 테크의 지각 변동

초거대 언어 모델은 우리 주변의 기업뿐만 아니라 세계적인 기업에도 큰 영향을 끼쳤다. 실제로 빅 테크라고 불리는 메타, 아마존, 애플, 구글, 마이크로소프트 등의 해외 유수 글로벌 기술 기업도 일종의 지각 변동을 겪고 있다. 위 회사들은 모두 대단한 회사이고, 특히 인공지능 분야에 대한 투자를 아끼지 않는 것으로 유명하다. 투자뿐만 아니라 여러 인공지능 연구도 진행하며 분야를 발전시키고 있는 회사들이다. 이 회사들은 서로 간에 우열을 가리기 힘들 정도로 인공지능 분야에 기여하면서, 각자의 사업 영역을 침범하지 않고 관계를 유지해 왔다. 예를 들어, 구글의 근본이라고 할 수 있는 검색은 구글이 제일 잘한다는 이미지가 굳어져 있다. 다른 기업은 물론 빅 테크 사이에서도 검색은 곧 구글이라는 공식이 성립될 정도로 수십 년 동안 검색 사업의 일인자를 자처하고 있다. 그러나 이는 2022년 11월에 마이크로소프트에서 거액의 투자를 한 오픈AI(OpenAI)라는 회사가 챗지피티를 발표하면서 서서히 균열이 생겼다. 초거대 언어 모델의 등장이 세계 기술 기업의 정점에 서 있는 빅 테크 사이의 역학 관계에도 영향을 끼치게 된 것이다.

오픈AI가 발표한 챗지피티는 출시 후 단 5일 만에 100만 명의 사용자를 모았고, 한 달이 지나자 1억 명을 돌파했다. 챗지피티는 대화 형태로 텍스트를 생성해 주는 모델이지만, 사용자들이 느끼는 정확도와 범용적인 성능은 매우 놀라웠다. 특히, 다양한 분야와 형태에 대한 질문을 해도 적절히 답변하는 모델의 정확도는 사용자들이 느끼기에는 마치 구글 검색과도 비견할 정도였다. 구글 검색 대신에 챗지피티를 활용하는 것이 크게 이상하지 않을 정도로 사용자들은 챗지피티에 열광했다.

이런 흐름에 이어서 2023년 2월, 마이크로소프트는 자사의 빙(Bing) 브라우저에 챗지피티를 도입한 빙챗(BingChat)을 선보인다. 오픈AI에 거액의 투자를 했기에 챗지피티 기술을 누구보다 빠르게 자사 제품에 융합할 수 있었다. 기존 챗지피티를 검색의 대체제로 사용하는 것과 대놓고 새로운 검색 서비스를 공개하는 것은 다르다. 드디어 검색에서 구글의 아성에 마이크로소프트가 도전장을 내민 것이다. 빙챗은 구글 검색만큼 성공하지는 못했다. 아무래도 단기간에 따라잡기에는 구글이 검색 분야에서 쌓은 역사가 너무 단단한 탓이다. 다만, 근간이 되는 기술 면에서 마이크로소프트에는 챗지피티가 있고, 구글은 이에 대응할 만한 기술이 없다는 치명적인 단점이 드러났다. 구글 또한 이를 잘 알고 있었고, 빠르게 대응책을 마련하기 시작했다.

구글은 빙챗이 출시되기가 무섭게 기술 시연을 통해서 구글의 초거대 언어 모델인 바드(Bard)를 소개했다. 다만, 이는 실제 제품 출시가 아닌 기술 시연에 그쳤고, 그마저도 여러 문제점을 지니고 있었다. 예를 들어, 수십 개의 언어를 지원하는 챗지피티와는 다르게 영어만 지원한다는 단점이 있었다. 그뿐만 아니라, 기술 시연

도중 문제가 발생하며 구글의 모기업 주가가 크게 하락하는 수모도 겪었다. 물론, 챗지피티 또한 완벽하지는 않다. 다만, 챗지피티는 사람들이 당장 쓸 수 있지만, 구글은 아직 바드를 모두가 사용할 수 있게 공개하지 않았기에 점차 챗지피티의 승리로 분위기가 기울었다. 특히, 한국어나 일본어 등 영어권 외의 언어들은 2023년도 5월이 되어서야 지원했고, 이미 반년 가까이 서비스하고 있는 챗지피티와의 차이는 좁혀질 기미가 안 보였다.

이후에도 구글은 새로운 모델 등을 선보이고 있지만 이미 사람들은 챗지피티를 초거대 언어 모델 중 으뜸으로 인식하고 있다. 오픈AI는 최근에 서치GPT(SearchGPT)를 선보이며 다시 검색의 영역에 도전장을 내고 있다. 아직 구글이 졌다고 판단하기에는 너무 이르다. 그러나 챗지피티의 등장으로 구글이 큰 도전을 받고, 이 도전이 실제로 구글의 행보를 크게 뒤틀고 있다는 것까지 부정할 수는 없을 것이다.

참고문헌

김재섭(2024.1.18). 버추얼 아이돌 그룹과 일대일 채팅? 넷마블, '챗시우' 서비스. ≪한겨레≫, https://www.hani.co.kr/arti/economy/it/1124977.html

안상현(2023.2.24). 얼어붙은 스타트업… 손정의도 투자 절반 줄인다.

≪조선일보≫,
https://www.chosun.com/economy/weeklybiz/2022/05/26/5S3KYQRAHFDTNPNPFRCMQ4AGMI/?utm_source=naver&utm_medium=referral&utm_campaign=naver-news
Google Cloud(2024). Transforming the contact center with generative AI,
https://cloud.google.com/blog/topics/telecommunications/how-generative-ai-can-be-used-in-the-contact-center?hl=en.

03
초거대 언어 모델로 해결할 수 있는 문제들

초거대 언어 모델은 단어를 하나하나 순차적으로 생성해 문장을 완성한다. 이러한 동작 원리에 따라서 완성된 문장에 거짓이 섞일 수도 있는데, 이를 환각 현상이라고 부른다. 초거대 언어 모델로 문제를 해결하려면 이 환각 현상에 대해서 적절히 대처할 수 있어야 한다.

초거대 언어 모델의 동작 원리

초거대 언어 모델의 역량을 파악하기 전에 먼저 그 기본적인 동작 원리를 이해할 필요가 있다. 초거대 언어 모델은 대량의 텍스트 데이터를 통해 언어에 대한 이해를 달성한 인공지능 모델이다. 초거대 언어 모델은 언어 이해를 바탕으로 다양한 텍스트를 생성할 수 있다. 이때, 초거대 언어 모델이 텍스트를 생성하는 과정을 이해하면 해당 모델의 특징을 이어서 이해하는 데 도움이 된다. 예를 들어, 초거대 언어 모델이 '당신은 기분이 좋다'라는 문장을 생성했다고 가정해 보자. 초거대 언어 모델은 이 문장을 생성할 때 어떤 방식으로 동작하는 것일까?

초거대 언어 모델이 문장을 생성할 때 해당 문장을 통째로 생성하는 것은 아니다. 오히려 문장을 구성하는 단어를 순차적으로 생성하는 방식으로 문장을 완성한다. 즉, '당신은 기분이 좋다'라는 문장을 생성하기 위해서 초거대 언어 모델은 먼저 '당신은'이라는 단어를 생성하고, 그 이후에 순차적으로 다음 단어인 '기분이' 그리고 '좋다'를 생성한다. 이때, 다음 단어를 생성할 때는 직전까지 생성한 단어들만을 참고해서 생성한다. 즉, '기분이'라는 단어를 생성할 때는 '당신은'이라는 단어를 참고하고, '좋다'라는 단어를 생성할 때는 '당신은 기분이'를 참고하는 것이다. 즉, 문장 전체에 대한 이해보다는 당장 다음에 올 단어를 하나하나 예측해 생성하는 방식으로 동작한다(Alec Radford, 2018.6.11).

이렇게 단어를 하나하나 순차적으로 생성해 문장을 완성하는 방식은 일견 사람이 보기에는 이상할 수도 있다. 그러나 문장을 한 번에 생성을 하는 것보다 기술적으로 훨씬 유리하기 때문에 자연어 처리 분야에서는 해당 방식의 순차적 생성이 전통적으로 많이 사용되었다. 이때, 다음 단어를 예측할 때는 지금까지 완성한 문장에 이어서 나올 확률이 가장 높은 단어가 선택된다. 다만, 단어 하나에 대해서만 선택하므로 문장 전체를 보면 다소 부자연스러운 부분이 있을 수도 있다. 부자연스러운 것을 넘어서서 최종적으로 완성된 문장에 사실과 다른 정보가 담겨 있을 수도 있다. 바로 다음 단어에 대해서만 가장 높은 확률을 계산하지, 문장 전체가 사실을 담고 있는 방향으로 답변을 생성하지는 않기 때문이다. 이렇게 사실과 다른 답변이 생성되는 현상을 환각(hallucination)이라고 부르는데, 이는 초거대 언어 모델로 생성한 답변이 가지는 단점 중 하나다(Ziwei Xu, et al., 2024).

환각 현상을 관측할 수 있는 대표적인 방법 중 하나는 사실과 전혀 다른 답변을 요구하는 질문을 하는 것이다.

예를 들어, 초거대 언어 모델한테 '세종 대왕이 맥북을 절도한 사건을 요약해 줘' 등의 질문을 하면, 실제로 존재하지도 않았던 사건이지만 역사적 사실인 것처럼 요약문을 생성해 준다. 사람 입장에서는 터무니없는 거짓말이지만 초거대 언어 모델 입장에서는 질문 다음에 올 확률이 높은 단어들을 순차적으로 생성한 것일 뿐이다. 이는 초거대 언어 모델이 만들어진 방식에서도 기인하는 특징이다.

초거대 언어 모델의 순차적 단어 생성 방식은 해당 모델의 언어 이해를 높이는 방법에서도 활용된다. 우선, 대량의 텍스트 데이터로부터 여러 문장을 추출한다. 이후, 초거대 언어 모델이 순차적으로 단어를 하나씩 생성해서 추출한 문장을 완성하도록 모델을 강요하는 것이다. 이러한 작업을 무수히 많은 문장에 대해서 반복하다 보면 다양한 문장을 순차적으로 완성하게 되면서 초거대 언어 모델의 언어 이해가 높아진다. 다만, 이 과정에서 모델은 문장을 완성하도록 강요를 받게 된다. 따라서 터무니없는 질문을 해도 초거대 언어 모델 입장에서는 어떻게든 해당 질문에 대한 답변을 생성해 문장을 완성하는 방식으로 동작하는 것이다. 이때, 사실적인 답변을 할 수 있는 질문의 경우에는 큰 문제 없이 답변을 생성할 수 있다. 하지만 사실로서 답변을 할 수 없는 질문의 경우, 초거대 언어 모델은 여전히 어떻게든 답변을 생성할 것이고, 그 답변에는 거짓이 포함되게 되는 것이다. 현재 초거대 언어 모델의 동작 방식과 만들어지는 과정을 비추어 보면, 환각 현상은 언제나 그림자처럼 초거대 언어 모델을 따라다닐 것이다.

환각을 억제할 필요가 없는 경우

초거대 언어 모델의 답변에 사실과 다른 정보가 포함될 수 있다는 점을 고려하면, 이를 직접 활용하는 것이 꺼려질 수도 있다. 특히, 기술적으로 완벽히 억제가 불가능하기 때문에 초거대 언어 모델을 활용하는 데 큰 걸림돌이 될 수도 있다. 그런데도 초거대 언어 모델을 활용해 해결할 수 있는 문제는 존재한다.

특히, 일부 문제에서는 오히려 환각을 억제할 필요가 없을 때도 있다. 초거대 언어 모델을 활용하는 목적이 정확한 답변만을 원하는 것이 아닌 경우다. 예를 들어, 초거대 언어 모델로 가상의 인물과 대화할 수 있는 서비스를 기획한다고 상상해 보자. 해당 서비스는 사용자와 가상의 인물이 자연스럽게 대화를 나눌 수 있도록 하는 것이 주목적이다. 이때, 초거대 언어 모델로 구현한 가상의 인물이 종종 사실과 다른 말을 하는 것은 별문제가 아닐 수도 있다. 예컨대, 오늘의 날씨에 대해서 틀린 이야기를 하든, 아니면 사실과 다르게 이야기를 과장해도 '대화'를 하는 입장에서는 심각한 문제가 아니라는 것이다. 우리는 사람과 대화할 때 상대방이 틀린 말을 할 수도 있다는 것을 당연히 인지하고 있다. 이에 따라, 정확한 답변을 주기 위함이 아니라 대화하기 위해 만들어진 서비스에서 종종 틀린 말을 한다고 크게 불편함을 느낄 사용자는 많지 않을 것이다. 정밀하고 정확한 답변을 얻기 위해 초거대 언어 모델을 활용하는 것이 아니라면, 종종 발생하는 환각 현상을 치명적인 단점으로만 여길 필요는 없다.

그뿐만 아니라, 오히려 때에 따라서는 환각 현상이 심화하는 것이 긍정적으로 작용할 수도 있다. 이런 경우 보통 질문이 창작을 요구한다. 예를 들어, 블로그 글이나 소설을 작문해 달라는 질문에 대해서 초거대 언어 모델의 환각은 큰 문제가 되지 않는다. 애초에 이런 유형의 질문에 대한 답변 중에 무엇이 환각인지 아닌지 정확히 말하기도 어렵다. 이러한 창작 관련 질문에 대해서 어떤 답변의 맞고 틀림을 논하기 어렵다는 것이다. 재미없는 소설은 있을 수 있어도 틀린 소설은 있을 수 없다는 것이다.

이런 창작 활동을 할 때는 기존에는 없던 텍스트를 만들어 내야 하므로, 오히려 더 창의적이고 개성 있는 결과를 만들어 주기도 하는 환각이 유리하게 작용할 수 있다. 환각은 결국 알려진 사실과 다른 정보를 포함한다는 뜻인데, 새로운 콘텐츠를 창작해야 하는 경우 목적 자체가 바로 새로운 글을 만드는 것이기 때문이다. 따라서 정답이 정해져 있지 않고 창의적인 작업이 요구되는 문제들은 초거대 언어 모델로 더욱 수월하게 해결할 수 있다.

환각 억제가 유효한 경우

환각을 억제할 필요가 없는 문제에서만 초거대 언어 모델을 활용할 수 있는 것은 아니다. 물론, 초거대 언어 모델에서 환각을 완벽히 피할 방법이 있는 것은 아니다. 하지만 특정 상황에서는 환각을 억제할 수 있는 다양한 방법들이 존재한다. 만약 내가 해결하고자 하는 문제에서 환각을 충분히 억제할 수 있다면 초거대 언어 모델을 활용할 수 있다는 것이다.

예를 들어, 초거대 언어 모델한테 '오늘의 날씨는?'이라는 질문을 했다고 가정하자. 이때, 초거대 언어 모델 입장에서는 날씨에 대한 질문 다음으로 올 확률이 높은 단어들을 선택해 답변을 만들 것이다. 그러나 애석하게도 그 답변이 실제 오늘의 날씨와 일치할 확률은 매우 낮다. 이러면 오늘의 날씨에 대한 환각 현상이 발생하는 것이다. 하지만 만약 이번 일주일 동안의 기상 예보 정보를 같이 알려 주면서 오늘의 날씨에 관해서 물으면 어떻게 될까?

이 경우, 높은 확률로 기상 예보 정보 내에서 오늘의 날씨 정보를 참고해 실제로 일치하는 오늘의 날씨를 알려 줄 것이다. 이는 결국 다음 단어를 예측할 때 앞의 단어들을 참고하는 초거대 언어 모델의 동작 원리와도 맞닿아 있다. 오늘의 날씨에 대해 답변하기 전에 이번 주 일주일 동안의 기상 정보에 대한 단어들을 참고하기 때문에 사실에 근거한 답변을 생성할 수 있게 되는 것이다. 이처럼 환각 현상을 억제할 수 있는 경우에는 초거대 언어 모델을 활용하는 데 별 걸림돌이 없다.

일반적으로, 복잡한 비즈니스 문제들은 어느 정도의 환각 억제가 필요하다. 이는 비즈니스 상황에서는 사실에 근거한 답변을 요구하는 문제가 창작 활동보다 더 빈번하게 발생하기 때문이다. 비즈니스 상황에서 초거대 언어 모델은 주어진 여러 정보를 바탕으로, 기존에 인간이 판단하던 영역을 서서히 대체하는 방식으로 많이 활용된다.

예를 들어, 지원자의 이력서를 바탕으로 서류 심사의 결과를 대신 판단해 주는 초거대 언어 모델이 있다고 상상해 보자. 이 경우, 서류 심사의 결과를 판단할 때 어디까지나 이력서에 있는 정보를 바탕으로 진행하기를 바랄 것이다. 또 다른 예를 들면, 긴 보고서를 짧게 요약하는 서비스를 만든다고 가정하자. 이때, 보고서 요약본에는 실제 보고서에 적혀 있는 내용들만 있어야 하며 사실과 무관한 내용이 담기면 안 된다. 결국, 다양한 비즈니스 상황에서는 초거대 언어 모델이 마음대로 답변을 생성하는 것이 아닌, 사실에 근거한 답변을 생성할 수 있을 때 더 많은 가치를 창출할 수 있다.

다행히도 환각을 억제할 방법은 존재하고 다양하다. 아주 간단한 변경과 저렴한 비용만 필요한 방법도 있고, 보다 복잡하고 큰 비용이 드는 방법 또한 있다. 문제마다 여러 방법을 적용해 보고 환각 억제 효과가 좋은 방법을 채택할 수 있다. 이때, 대부분의 환각 억제 방법은 사실에 근거한 답변을 생성할 수 있도록 지식을 주입하는 것으로 이해할 수 있다(S.M Towhidul Islam Tonmoy, et al., 2024).

즉, 모델이 알고 있는 지식 내에서 답할 수 있는 질문이라면, 모델이 굳이 거짓 답변을 생성하지 않는다는 가설을 토대로 삼는 것이다. 예를 들어, 금융 지식이 전혀 없는 초거대 언어 모델한테 투자 관련 계획을 알려 달라고 질문하면, 터무니없고 사실과 다른 정보를 포함한 답변을 생성할 가능성이 매우 크다. 그러나 만약 해당 모델에 금융 지식을 충분히 주입한다면 같은 질문에도 전혀 틀린 정보가 없는 답변을 해 줄 가능성을 높일 수 있는 것이다. 이는 어찌 보면 사람이 잘 모르는 분야에 대한 질문을 받았을 때 횡설수설하는 것과 일맥상통한다고 이해할 수 있다.

다만, 환각을 완벽히 억제할 수는 없기 때문에 일정 수준의 오답이 발생할 수밖에 없다. 따라서 초거대 언어 모델을 적극 활용하려면 환각 억제에 실패해 때로는 사실이 아닌 답변이 생성되어도 괜찮은 문제여야 한다. 평균적으로 보았을 때, 초거대 언어 모델이 적절한 답변을 해 가치를 창출하는 것이 오답이 발생했을 때의 손해보다 커야 한다는 것이다. 만약 하나의 오답만 발생해도 큰 피해가 생기는 경우라면 적절치 않은 것이다.

예를 들어, 보고서를 요약해 주는 서비스를 만들었을 때, 요약본에 틀린 내용이 있었다고 가정해 보자. 틀린 답변을 받은 사용자는 불쾌할 수 있지만, 서비스 전체가

위기에 처할 정도의 문제는 아니다. 반면, 의료 진단을 해 주는 서비스를 만들었을 때, 환각이 발생했다고 상상해 보자. 이 경우에는 한 번의 오답이 서비스 전체에 아주 치명적으로 작용할 수도 있다. 즉, 오답에 대한 리스크가 크지 않은 경우에 환각 억제를 통해서 초거대 언어 모델을 비즈니스 문제 해결에 활용할 수 있다.

참고문헌

Alec Radford(2018.6.11). Improving language understanding with unsupervised learning. OpenAI. https://openai.com/index/language-unsupervised/

S.M Towhidul Islam Tonmoy, et al.(2024). A comprehensive survey of hallucination mitigation techniques in large language models. arxiv.org.

Ziwei Xu, et al.(2024). Hallucination is Inevitable: An innate limitation of large language models. arxiv.org.

04
초거대 언어 모델로 해결할 수 없는 문제들

전 세계가 주목하는 초거대 언어 모델 같은 기술은 포모(FOMO, fear of missing out)를 일으키기도 한다. 다만, 초거대 언어 모델 사용법마다의 한계를 파악하고, 하나하나의 실수가 치명적인 문제에 초거대 언어 모델을 도입하는 것을 자제해야 한다. 그뿐만 아니라, 오히려 문제의 범위가 너무 작아서 괜히 초거대 언어 모델을 도입할 필요가 없는 경우도 잘 판단해야 한다.

초거대 언어 모델 활용법에 따른 한계

전 세계적으로 초거대 언어 모델이 주목을 받으면서 수많은 기업이 이 기술을 이용하려고 하고 있다. 특히, 해외 유수의 기술 공룡 기업이 너 나 할 것 없이 초거대 언어 모델 시장에 뛰어드는 모습을 보면 나만 이 기술을 안 쓸 수 없다는 생각이 들 수 있다. 다만, 남들이 초거대 언어 모델을 활용하려고 하므로 나도 활용해야 한다는 논리는 일종의 포모 현상이라고 볼 수 있다. 맹목적으로 초거대 언어 모델을 활용하려고 하는 것이 아니라, 논리적으로 초거대 언어 모델을 도입해야 하는 이유를 확인해야 불필요한 자원 낭비를 줄일 수 있다. 특히, 초거대 언어 모델은 워낙 최근에 급부상했기에 아직 그 활용 방법이 정립되지 않은 면이 많다. 따라서 초거대 언어 모델을 활용하려고 하면, 어떤 방식으로 활용할지도 같이 탐구하고 고민해야 한다.

구체적으로, 처음 초거대 언어 모델이 등장했을 때만 하더라도 사람들의 응용력은 질문을 되묻거나 풀어서 물어보는 데 그쳤다. 예컨대, 질문을 조금 단순하게 바꾸거나, 하나의 질문이 아닌 여러 개의 질문으로 문제를 분리하는 등의 시도가 있었다. 그러나 조금만 시간이 흐르니 단순히 질문을 바꾸는 것에서 그치지 않고, 외부 지식을 추가하는 방식의 활용법이 부상했다. 예를 들어, 여행 계획을 작성해 달라는 질문에 여행지의 유명 관광지에 대한 정보를 같이 제공해 묻는 것이다. 이렇게 하면 초거대 언어 모델이 존재하지도 않는 관광지를 추천하는 것이 아니라, 실제로 존재하는 관광지를 이용해서 여행 계획을 만들어 준다는 것을 발견한 셈이다.

초거대 언어 모델을 활용하는 방법의 발전은 여기서 멈추지 않았다. 기술이 더 성숙해짐에 따라, 질문하는 방식만 변경하는 것이 아니라 모델 그 자체를 변경해 활용하는 방법이 등장했다. 모델을 고정하고 질문을 변경하는 방향도 있지만, 애초에 내가 원하는 질문에 대해서 지식을 더 많이 가지고 있고 답변을 더 잘하는 모델을 만들기 시작한 것이다.

예를 들어, 초거대 언어 모델을 통해서 복잡한 수학 문제에 대해 여러 질문을 하고 품질이 높은 답변을 얻고 싶다고 생각해 보자. 이때, 질문마다 답변을 생성하는 데 도움이 될 법한 여러 수학 지식을 추가해 묻는 것으로 답변의 품질을 높일 수도 있다. 그러나 만약 기존 모델에 수학 지식을 더욱 주입해 질문마다 추가로 정보를 넣어 줄 필요를 없앨 수 있다면 어떨까? 그런 모델을 얻을 수만 있다면 기존보다 훨씬 편하게 수학 관련 질문을 할 수 있을 것이다. 혹은, 기존의 질문만 변경하는 방식으로는 도저히 해결하기 어려웠던 질문들도 해결할 수 있게 될 수도 있다. 초기에 질문만 변경하던 활용법에서 모델을 직접 변경하는 방법까지, 초거대 언어 모델을 활용하는 방법은 다양하게 발전했다.

초거대 언어 모델을 활용하는 방법이 다양한 만큼 모두가 동일하게 효과적이진 않다. 예를 들어, 간단한 보고서 요약은 질문만 적절히 변경하는 것으로도 가능할 수 있다. 하지만 복잡한 과학 문제의 경우 질문만 바꿔 보는 것으로는 해결하기 어려울 수도 있는 것이다. 이 경우에는 모델을 직접 변경해야 할 수도 있다. 결국, 초거대 언어 모델로 해결하기 어려운 문제인지 아닌지를 판단할 때, 어떤 활용법을 쓸지도 같이 고려해야 한다는 것이다.

사용할 초거대 언어 모델과 활용법을 정했다면, 이 방법으로 해결하기 수월한 문제와 그렇지 않은 문제를 적절히 구분할 수 있어야 한다. 내가 정한 활용법이 아닌 다른 활용법을 사용해야 해결할 수 있는 문제일 것 같으면, 과감히 포기할 수도 있어야 하는 것이다. 특히, 질문만 변경해 보는 것은 비교적 난이도가 쉬운 편이다. 따라서 내가 해결하고자 하는 문제에 대해서 질문만 변경하는 것으로 충분한지를 검토한다면, 많은 자원을 쓰지 않고도 판단 근거를 만들 수 있을 것이다. 질문을 변경하는 것만으로는 해결이 어렵고, 다른 활용법을 시도하는 것 또한 쉽지 않은 문제라면, 꼭 초거대 언어 모델을 도입해 그 문제를 해결해야 하는지 한번 되짚어 볼 필요가 있다.

하나의 실수가 치명적인 경우

초거대 언어 모델과 내가 정한 활용법을 통한 문제 해결의 가능성을 어느 정도 확인하는 것 외에도 추가적인 판단이 필요할 수도 있다. 이는 초거대 언어 모델의 동작 원리에 따라서 발생하는 특징 – 답변에 거짓이 간혹 발생하는 환각 현상 –에서 기인한다. 초거대 언어 모델의 환각 현상은 완벽히 억제할 수 없다. 아무리 성능이 좋고 환각 억제에 노력을 기울여도, 초거대 언어 모델에서는 언젠가 오답이 발생할 수밖에 없다는 것이다. 이는 문제 해결의 가능성을 확인하는 과정을 거치는 것으로 해결되는 것이 아니다.

예를 들어, 모종의 과정을 통해서 열 번 시도하면 아홉 번 정도 좋은 답변을 얻을 수 있다는 것을 확인했다고 생각해 보자. 일반적으로 위 결과로도 충분히 초거대 언어 모델 도입을 검토해 볼 수 있다. 한 번 정도의 실수는 발생할 수 있고, 완벽함을 기대하면서 가능성을 점쳐 본 것은 아니기 때문이다. 즉, 초거대 언어 모델을 이용했을 때 오답의 가능성을 완벽히 지울 수 없는 것은 특정 문제나 내가 선택한 초거대 언어 모델 활용법과 무관한 초거대 언어 모델의 특성이다.

하지만 몇몇 경우에서는 실수가 하나라도 발생하면 치명적일 수 있다. 이러한 상황에서 환각 현상 때문에 오답을 완벽히 배제할 수 없는 초거대 언어 모델은 매우 불리하다. 예를 들어, 환자의 여러 검사 정보 등을 바탕으로 질병을 진단해 주는 서비스를 기획한다고 가정해 보자. 이런 의료 행위와 관련한 서비스에서는 한 번의 실수가 인명 피해로 이어질 수 있다. 그렇기 때문에 이 서비스는 매우 높은 정밀도를 요구하기 마련인데, 초거대 언어 모델을 활용하면 언젠가는 틀린 진단이 발생할 수밖에 없다. 초거대 언어 모델을 활용했을 때 발생하는 오답을 수용하기 어려운 경우인 것이다. 백 번의 진단을 성공적으로 마쳐도 한 번의 실수가 치명적이기 때문에, 해당 서비스를 운영하는 기업 입장에서는 초거대 언어 모델을 적극 활용하는 것이 큰 부담으로 다가올 수도 있다.

의료 분야처럼 매우 높은 정밀도가 요구되는 경우, 초거대 언어 모델 이전에도 인공지능을 직접 활용하기 어려웠다. 즉, 한 번의 실수가 치명적일 수 있는 문제에 대해서는 보통 인공지능을 통한 완전 자동화 대신 사람의 보조 수단으로 활용하는 경우가 많았다(박소영, 2017.4.21.). 예를 들어, 인공지능이 직접 진단을 내려주는 것이 아닌, 검사 결과를 분석하는 데 보조적인 역할만을 하는 방식으로 사용하는 것이다. 이 경우, 인공지능의 결과를 그대로 사용하는 것이 아니라 어디까지나 사람을 보조하는 역할을 가정한 서비스들이 개발되었다.

다만, 이렇게 보조적인 역할만을 하는 서비스에서는 궁극적인 목표 – 환자에 대한 진단 –를 이루기 위해서 사람이 꼭 필요하게 된다. 그러면 전체 과정에서 사람이 들어가는 단계가 생기기 마련이고, 이에 대한 고정 비용이 별도로 발생한다. 예를 들어, 더 성능이 좋은 보조 의료 진단 인공지능 제품을 사용해도, 여전히 의사가 필요하기에 이에 대한 인건비가 계속 발생하는 것이다. 즉, 인공지능 서비스가 가져다주는 비즈니스 가치가 낮다고 볼 수 있다.

기존 인공지능 서비스가 가져다주는 가치는 낮은데, 그보다 도입 비용이 더 많이 발생하는 초거대 언어 모델에 대한 평가는 어떠할까? 아무리 기존 인공지능보다 뛰어나다고 해도, 초거대 언어 모델 또한 오답률을 0으로 만들 수는 없다. 그렇다면 여전히 사람이 필요하게 되고, 기존 인공지능을 사용할 때와 상황이 크게 바뀌지 않게 된다. 이런 경우, 큰 비용을 들여 초거대 언어 모델을 도입하는 것이 오히려 경제적으로 손해일 가능성이 크다. 초거대 언어 모델을 도입한다고 해도 기존의 고정 비용인 인건비를 크게 감축할 수 있는 것이 아니기 때문이다. 초거대 언어 모델 도입 비용은 비용대로 더 많이 지불하고, 기존의 인건비 또한 그대로 발생하는 꼴인 것이다. 이처럼, 초거대 언어 모델만으로는 어느 정도의 오답이 발생할 수밖에 없기 때문에, 실수 하나하나가 치명적인 분야에서는 초거대 언어 모델 활용이 제한적이다.

소 잡는 모델로 닭을 잡기

초거대 언어 모델 활용법의 한계에 따라 해결하기 어려운 문제이거나, 하나의 실수가 치명적이어서 초거대 언어 모델을 도입하기 어려운 문제 외에도, 초거대 언어 모델로 해결하기에 적합하지 않은 문제 유형이 있다. 다만, 이는 앞서 살펴본 문제들이 해결하기 어려운 이유와는 그 방향성이 반대다. 즉, 초거대 언어 모델로 해결하기 어려운 점이 있는 것이 아니라, 오히려 초거대 언어 모델을 사용하기에는 문제의 범위가 너무 작은 경우다. 예컨대, 간단한 사칙 연산을 하기 위해서 수학 교수를 초빙하는 것과 같다. 이처럼, 문제가 단순해 기존의 기술로도 충분히 해결이 가능함에도 큰 비용을 들여 초거대 언어 모델을 사용하는 것은 오히려 손해일 수도 있다.

초거대 언어 모델이 기존의 인공지능과 차별화되는 지점은 다양하다. 그중 하나는 초거대 언어 모델의 범용적인 성능으로, 이는 기존의 인공지능과 달리 매우 다양한 유형의 문제를 평균적으로 높은 정확도로 해결할 수 있다(Jason Wei, et al., 2022). 예를 들어서, 하나의 모델로 사람들의 리뷰 내용들을 감정에 따라 분류할 수도 있고, 내용을 요약하거나, 심지어 리뷰에 따른 상품 추천을 수행할 수도 있다. 반면, 기존의 인공지능 기술로 위 세 가지 문제를 해결하려면, 각각 리뷰 내용을 분류만 해 주는 기술, 요약해 주는 기술, 그리고 상품 추천을 해 주는 기술 세 가지를 사용했어야 한다. 이처럼 하나의 모델로 여러 문제를 해결할 수 있는 것이 초거대 언어 모델이다.

범용적인 성능 외에 상기할 만한 특징으로는 초거대 언어 모델의 비교적 큰 도입 비용을 들 수 있다. 초거대 언어 모델은 그 이름에서도 알 수 있듯이 기존 인공지능 기술보다 규모가 크다. 규모가 크기 때문에 직접 초거대 언어 모델을 구축할 시 어마어마한 자원이 필요하게 된다. 직접 구축하는 것이 아니라 외부의 초거대 언어 모델을 활용할 수도 있다. 하지만 이는 지속해서 사용료가 발생한다는 단점이 있고, 이 사용료 또한 순전히 외부 모델을 제공해 주는 업체의 재량으로 결정되기 때문에 직접 기존의 인공지능 기술을 사용하는 것보다 결코 저렴하다고 할 수 없다. 또한 외부 모델을 이용하기 위해서는 문제에 관한 정보와 데이터 역시 외부로 이동할 수밖에 없다. 이는 보통 추가 비용을 발생시키기 마련이고, 때에 따라서는 보안상의 이유로 애초에 외부 이동이 불가능할 수도 있다. 즉, 기존의 인공지능 기술은 저렴하지만 하나 혹은 작은 범위의 문제만 해결할 수 있고, 초거대 언어 모델은 비용은 더 들지만 다양한 문제를 해결할 수 있는 특징이 있다.

이때, 내가 해결하고자 하는 비즈니스 문제의 범위가 작아서 기존의 인공지능 기술로도 충분히 해결할 수 있는 경우를 상정해 보자. 이 경우, 내가 관심 있는 문제를 효율적으로 해결하고자 하는 입장에서 쓸데없이 비싼 초거대 언어 모델을 사용할 이유는 없다. 괜히 초거대 언어 모델을 도입하는 것은 소 잡는 칼로 닭을 잡는 것과 같다. 나한테 중요한 비즈니스 문제 한 개를 해결할 수 있는 모델이 필요한 것이지, 자연스러운 대화도, 계산도 잘하고 다른 온갖 기능을 탑재한 모델이 필요한 것이 아니기 때문이다.

예를 들어, 도입 비용이 많이 드는 초거대 언어 모델을 이용해 리뷰 내용을 감정에 따라 분류만 하는 것은 문제와 해결 방법의 체급이 맞지 않는 것이다. 단순히 리뷰 내용을 분류하고 싶다면 훨씬 저렴한 기존의 인공지능 방법을 사용하는 것이 더 바람직하다. 이렇듯, 문제가 너무 간단하거나 기존의 해결책이 이미 충분히 훌륭할 경우에는 초거대 언어 모델을 도입하기보다 다른 방법을 선택해 불필요한 비용 지출을 피하는 것이 중요하다.

참고문헌

박소영(2017.4.21). "인공지능은 어디까지나 유용한 분석도구일 뿐". ≪의협신문≫, https://www.doctorsnews.co.kr/news/articleView.html?idxno=116553

Jason Wei, et al.(2022). Emergent abilities of large language models. *Transactions on machine learning research.*

05
경제적 관점에서 초거대 언어 모델

초거대 언어 모델 도입을 위한 여러 가지 선택지를 경제적으로 판단해 최적의 효율을 가지는 방법을 고르는 것은 생각보다 어렵다. 해당 모델을 가지고 비즈니스 문제를 해결하기 위해 필요한 지식 주입 방법론에 따라서 도입 비용이 달라진다. 그뿐만 아니라, 폐쇄형 모델이냐, 개방형 모델이냐에 따라서도 비용이 달라진다. 따라서 초거대 언어 모델 도입을 위한 여러 선택지를 경제적으로 판단할 때는 위의 모든 사항을 고려해야 한다.

지식 주입의 필요성

초거대 언어 모델이 가지고 있는 지식은 결국 만들어질 때 사용한 텍스트 데이터에서 기인한다. 이때, 대부분의 데이터를 웹상에서 긁어모은 대량의 텍스트로 구상하기 때문에, 해당 데이터를 이용한 초거대 언어 모델의 지식 또한 웹상에 있는 정보로 한정된다. 물론 한정되었다곤 하나 개인이 가볍게 사용하기에는 전혀 모자라지 않은 지식을 갖춘 것이다. 개인의 질문 중에서 웹상의 정보 외에 다른 정보가 있어야 답할 수 있는 질문은 드물기 때문이다.

그러나 기업이 초거대 언어 모델을 본격적으로 비즈니스 문제에 활용하고자 하면 단순히 웹상의 정보만 가지고 있는 것으로는 부족하다. 각각의 기업이 마주한 비즈니스 문제는 제각각이고, 이는 보통 웹상의 정보만으로는 해결하기 어렵기 때문이다. 만약 웹상의 정보만으로도 해결이 가능한 문제였다면, 애초에 해당 기업에서도 간단하게 해결될 문제에 속하기에 초거대 언어 모델을 도입할 필요도 없을 것이다. 예를 들어, 자사의 금융 상품에 대한 상담 업무를 초거대 언어 모델을 도입해 고도화한다고 가정해 보자. 이때, 시중의 초거대 언어 모델 중에 자사의 여러 금융 상품에 대해서 잘 알고 있는 모델은 없을 가능성이 크다. 이는 자사의 금융 상품 정보가 웹상에 공개된 것이 아니기 때문이다. 별도의 과정 없이 웹상의 데이터를 주로 사용한 초거대 언어 모델만 가지고는 해당 비즈니스 문제를 해결하기 어려울 수도 있다.

따라서 기업이 초거대 언어 모델을 활용하기 위해서는 본인들의 문제를 해결하기 위해 필요한 지식을 주입해야 한다(김은성, 2023.9.11). 이때 문제에 따라서 필요한 지식의 형태가 다를 수도 있다. 따라서 여러 기업이 천편일률적으로 사용할 수 있는 초거대 언어 모델 활용법이 있지는 않다. 다만, 어느 정도의 기준으로 삼을 만한 추상적인 구분은 가능하다.

지식을 주입하는 정도에 따라서 여러 방법론이 나뉘는데, 이에 따른 비용도 다양하게 책정된다. 복잡하거나 규모가 큰 지식일수록 더욱 큰 비용과 복잡한 방법이 있어야 하는 것이다. 예를 들어, 고객이 남긴 상품 리뷰 내용에 대해서 미리 정해 놓은 여러 항목별 점수를 추출하기 위해 초거대 언어 모델을 사용한다고 가정하자. 이때, 모델에게 주입해야 하는 지식은 미리 정해진 항목들이 무엇이고 각각이 무엇을 의미하는지다. 이런 정보를 바탕으로 모델한테 더 좋은 품질의 답변을 얻을 수 있다.

해당 정보를 주입하기 위해 질문을 할 때 고객의 리뷰와 함께 상기한 항목의 정의를 같이 제공하는 방법도 있고, 처음부터 정해진 항목을 잘 이해하는 모델을 확보하는 방법도 있다. 전자는 질문을 조금 더 길게 하면 되지만, 후자는 사용하는 모델 자체를 변형해야 하므로 비용 차이가 크게 발생한다. 다만, 몇몇 항목들에 대한 의미 정도는 모델까지 변형하지 않고 질문에만 해당 정보를 추가하는 것으로 충분할 가능성이 크다.

반면, 금융 지식 같은 전문 분야의 지식이 있어야 하는 경우도 있다. 이 경우, 질문만 변형하기에는 주입해야 하는 정보가 매우 많을 수 있다. 또한 다른 질문이어도 공통으로 금융 지식을 넣어 줘야 한다면, 매번 같은 정보를 반복해서 넣어 줘야 하는 비효율이 발생한다. 이렇게 주입해야 하는 지식이 광범위할 경우, 모델 자체를 변형하는 것이 더 효과적일 가능성이 크다.

모델을 직접 변형하는 방법이 보통 더 다양하고 규모가 큰 지식을 주입하는 데 유리한 것이 사실이다. 그러나 모델을 직접 변형하는 방법만이 능사인 것은 아니다. 상대적으로 간단한 지식만 필요로 하는 경우, 모델을 변형하지 않고도 충분히 비즈니스 문제 해결을 도모할 수 있다. 따라서 하나의 지식 주입 방법론에만 몰두하는 것이 아니라, 여러 지식 주입 방법론의 장단점을 파악하고 있어야 한다. 그 후, 본인이 해결하고자 하는 비즈니스 문제와 가용할 수 있는 자원 등을 모두 고려해 적절한 방법론을 선택하는 것이 비즈니스 문제 해결을 위한 지식 주입을 효율적으로 수행하는 방향이다.

지식 주입 방법론과 비용

지식 주입 방법론은 크게 질문을 변형하는 방법과 모델을 변형하는 방법으로 나눌 수 있다. 질문 변형 방법론은 기본적으로 질문에 필요한 정보를 추가해 보강한다. 이후, 보강된 질문을 초거대 언어 모델에 제시해 답변을 얻는다. 예를 들어, 어떤 옷을 입으면 좋을지 추천해 달라는 질문에 오늘의 기상 정보 등을 추가해서 질문을 보강해 더 좋은 답변을 얻을 수 있다. 다만, 위 예시처럼 명시적인 추가 정보 외에도, 답변에 도움이 되는 정보는 많다. 예컨대, 답변을 항상 세 개의 문장으로 작성해 달라는 질문의 요구 사항이 있을 때, 해당 요구 사항을 만족하는 예시를 몇 개 같이 주는 것 또한 도움이 될 수 있다. 즉, 명시적인 정보는 아니지만, 요구하는 조건에 대한 이해를 돕기 위한 추가 예제를 주는 것이다.

그뿐만 아니라, 질문하는 방식을 바꾸는 것 또한 도움

이 될 수 있다. 예를 들어, 복잡한 질문을 여러 개의 간단한 질문으로 분리하는 방식 등을 취하면, 답변의 품질이 좋아질 수도 있다. 이처럼, 질문을 변형하는 방법론은 추가 정보의 성질이나 해당 정보를 주는 방식에 따라서 프롬프트 엔지니어링(prompt engineering)과 검색 증강 생성(retrieval augmented generation)으로 구분할 수 있다. 다만, 두 방법 모두 결국 질문만 변형하고 모델은 바꾸지 않는다.

질문 변형 방법론을 채택했을 때 발생하는 비용은 변형된 질문의 길이에 비례한다. 이는 앞에 있는 단어를 참고해 그다음에 올 단어를 하나하나 순차적으로 생성하는 초거대 언어 모델의 동작 원리에서 기인하는 비용 정책이다. 질문이 길어지면 참고해야 하는 단어의 수가 늘어나게 되므로, 보다 많은 연산이 필요하게 된다. 따라서 초거대 언어 모델은 질문이 짧을수록 사용료가 저렴하고 길수록 비싸진다(OpenAI). 그뿐만 아니라, 너무 긴 질문은 해당 모델이 지원하는 연산 범위를 초과할 수 있기 때문에, 모델마다 지원하는 최대 질문 길이가 정해져 있다. 따라서 보강된 질문이 원래 질문보다 두 배 길어지면 사용료도 두 배가 된다. 두 배라고 하면 비싸게 느껴질 수 있지만, 비용 증가는 사용료에만 국한된다.

초거대 언어 모델을 만들거나 변형하는 것에는 많은 자원이 들지만, 사용료는 질문당 몇십 원도 안 되는 경우가 많다. 따라서 모델을 변형하지 않고 질문만 변형하는 것이 더 저렴한 지식 주입 방법론이다.

반면, 모델을 변형하는 방법에는 훨씬 더 많은 자원이 필요하다. 모델 변형에 자원이 많이 드는 이유는 초거대 언어 모델의 제작 과정에 있다. 초거대 언어 모델은 대량의 텍스트 데이터와 비싼 그래픽 처리 장치(GPU)를 통해 언어 이해를 높이는 방식으로 만들어진다(Llama Team, AI @ Meta, 2024). 구체적으로는, 조 단위의 단어가 있을 정도로 대량의 텍스트 데이터와 개당 천만 원을 호가하는 그래픽 처리 장치가 몇천 개 이상은 필요하다. 따라서 처음부터 초거대 언어 모델을 만들면 적게 잡아도 수십억 원의 비용이 든다.

물론, 기존의 초거대 언어 모델을 변형하는 것이지, 처음부터 만드는 게 아니기 때문에 그 정도의 비용이 들지는 않는다. 그럼에도 모델 변형 방법에는 질문만 변형하는 것보다 훨씬 많은 양의 데이터와 비싼 장비가 필요하다. 질문만 변형하는 방법에서는 특별히 대량의 데이터를 준비할 필요도 없고, 별도의 장비가 있어야 하지도 않는다. 반면, 모델을 변형하려면 주입하고자 하는 지식의 규모에 맞는 데이터를 준비해야 한다. 이때, 주입하고자 하는 지식이 많으면, 그에 상응하는 양의 데이터를 보유해야 한다는 진입 장벽이 있다. 때에 따라 조 단위는 아니어도 천억 단위의 단어를 가지는 데이터를 준비해야 할 수도 있다. 그뿐만 아니라, 데이터의 수량이 많아지면 많은 양의 데이터를 빠르게 처리할 수 있는 비싼 그래픽 처리 장치가 많이 필요하기에 추가로 큰 비용이 발생한다. 나아가 초거대 언어 모델이 워낙 세계적인 주목을 받다 보니, 그래픽 처리 장치도 단순히 돈만 있다고 구매할 수 있는 것이 아닌 품귀 현상을 겪고 있다.

결국, 주입하고자 하는 지식의 규모나 범위에 따라 필요로 하는 데이터의 수량이 결정되고, 이와 연계해 필요한 그래픽 처리 장치의 수량도 어느 정도 정해진다. 따라서 주입하고자 하는 지식의 규모나 범위가 커질수록 모델을 변형하는 방법의 비용 또한 천정부지로 올라간다. 일반적으로, 상대적으로 작은 규모와 범위의 지식을 주입하는 미세 조정(fine-tuning)과, 보다 큰 규모와 넓은 범위의 지식을 주입하는 지속 사전 학습(continued pre-training)으로 모델 변형 방법을 구분할 수 있고, 전자보다 후자가 훨씬 더 큰 비용이 든다. 물론, 미세 조정이라고 해도, 질문만 변형하는 방법보다는 더 큰 비용이 드는 것 또한 사실이다.

폐쇄형, 개방형 초거대 언어 모델

초거대 언어 모델을 경제적으로 바라볼 때 중요한 또 다른 차원은 해당 모델이 폐쇄형인지 개방형인지를 파악하는 것이다. 폐쇄형 초거대 언어 모델이란 해당 모델을 직접 공개해 사용자들이 사용하는 것이 아니라, 특정 회사가 애플리케이션 프로그래밍 인터페이스(API)로 서비스하는 것을 사용하는 것을 말한다. 대표적인 예시로는 오픈AI의 챗지피티가 있다. 챗지피티를 사용할 때 그 모델을 직접 사용하는 것이 아니라, 오픈AI의 서비스를 통해서만 이용이 가능하다. 반면, 개방형 초거대 언어 모델은 직접 모델을 이용할 수 있는 경우로, 메타의 라마(Llama) 모델 등이 대표적인 예시다.

폐쇄형과 개방형 인공지능의 가장 큰 차이는 바로 해당 모델을 구동하는 장비를 누가 제공하느냐에 있다. 초거대 언어 모델을 사용하기 위해서는, 막대한 연산 능력이 있는 장비가 필요하다. 보통은 초거대 언어 모델을 만들 때 사용한 그래픽 처리 장치를 또 이용한다. 폐쇄형 초거대 언어 모델은 해당 모델을 서비스로 제공하는 회사가 내부적으로 그래픽 처리 장치를 확보하고 이를 이용해서 초거대 언어 모델을 구동해 주고 있다. 즉, 사용자가 챗지피티에 질문하면, 해당 질문을 오픈AI 내부에서 구동 중인 초거대 언어 모델한테서 답변을 얻어서 사용자한테 전달하는 구조인 것이다. 반면, 개방형의 경우 이처럼 연산을 대신 해 주는 전달 시스템이 없기 때문에 사용에 다소 품이 든다고 할 수 있다. 왜냐하면 단순히 모델 그 자체를 공개해 사용자들이 사용하게 하기 때문이다. 따라서 개방형 모델을 사용하고자 하는 사람은 상기한 초거대 언어 모델 구동 시스템을 직접 구축해야 한다. 달리 말하면, 막대한 연산 능력이 있어야 하는 초거대 언어 모델을 구동하기 위해서 비싼 장비를 별도로 마련해야 한다는 것이다.

다만, 한번 장비를 구축해 두면, 전기세를 제외한 비용이 발생하지는 않는다. 즉, 개방형 모델이 항상 더 비싼 것은 아니다. 반면, 폐쇄형 모델 같은 경우는 해당 모델을 사용할 때마다 사용료를 지불해야 하므로 계속해서 비용이 발생한다. 기대 사용량에 따라서 폐쇄형 모델이 더 저렴할 수도 있고, 그 반대 상황이 될 수도 있는 것이다. 따라서 초거대 언어 모델 도입을 고민할 때, 예상되는 사용량을 면밀히 파악해 폐쇄형 모델을 사용할지 개방형을 사용할지에 대한 결정도 같이 내려야 한다.

폐쇄형과 개방형 인공지능의 차이는 비용에만 있지는 않다. 폐쇄형은 그 특성상 모델에 대한 수정 권한 등이 오로지 해당 모델을 서비스하는 회사에 있다. 따라서 특정 고객이 모델을 자신의 문제에 맞춰서 변형하기가 어렵다. 폐쇄형 모델의 경우, 지식 주입 방법론 중에서 질문 변형 방법론 위주로 사용할 수밖에 없다. 반면, 개방형 모델은 모델이 직접적으로 공개된 것이기에, 얼마든지 모델을 변형하는 지식 주입 방법론까지 사용할 수 있다. 단순히 비용이 저렴하다고 하나의 모델을 선택하기가 쉽지 않다는 것이다.

결국, 초거대 언어 모델을 경제적으로 바라볼 때는 많은 단계를 거쳐야 한다. 우선, 초거대 언어 모델을 이용해서 내 비즈니스 문제를 해결하기 위해 어떤 지식이 추가로 필요한지 파악해야 한다. 이에 따라서 어떤 지식 주입 방법론이 필요한지 진단을 내려야 하고, 그 이후에는 폐쇄형 모델과 개방형 모델 중에서 선택해야 한다. 이때, 모델에 따라서는 추가로 필요한 지식이 달라질 수도 있다. 예를 들어, 챗지피티는 수학 지식이 이미 충분하지만, 라마 모델은 불충분할 수도 있다. 그렇다면 폐쇄형 모델인 챗지피티를 이용해서 질문만 변형하는 지식 주입 방법론을 사용했을 때의 비용 – 장기적인 사용료 또한 감안해서 – 과 개방형 모델인 라마를 이용해서 모델 변형까지 수행하는 지식 주입 방법론을 사용했을 때의 비용 – 초거대 언어 모델 구동을 위한 장비 구축 비용 – 을 비교해야 하는 것이다.

참고문헌

김은성(2023.9.11). 업스테이지, 다나와·에누리에 '프라이빗 LLM' 탑재. ≪경향신문≫, https://www.khan.co.kr/economy/economy-general/article/202309111107001

Llama Team(2024.7.23). The Llama 3 herd of models. AI @ Meta, https://ai.meta.com/research/publications/the-llama-3-herd-of-models/

OpenAI. https://openai.com/api/pricing/

06
비즈니스 문제 해결 1: 프롬프트 엔지니어링

초거대 언어 모델은 모델을 변형하지 않고도 지식을 주입할 수 있는 특징이 있다. 이에 질문만 변형해서 답변의 품질을 높이는 여러 시도가 있었고, 이 시도들이 모여서 프롬프트 엔지니어링이라는 새로운 기술을 낳았다. 특히, 프롬프트 엔지니어링을 통해서 초거대 언어 모델이 더욱 복잡한 질문을 해결할 수 있게 되면서, 분할 정복을 통한 비즈니스 문제 해결이 더욱 탄력을 받게 되었다.

질문만 변형하는 방법의 의의

초거대 언어 모델에 지식을 주입하는 방법 중에는 질문만 변형하는 방법이 있다. 그러나 질문만 바꾸는 것이 직접적으로 지식을 주입해 주는 것은 아니라고 여겨질 수 있고, 그 효과에 대한 의문이 있을 수 있다. 반면, 모델을 직접 변형하는 방법은 직접적으로 모델을 내 비즈니스 문제에 맞게 변형하는 것이므로, 지식 주입의 효과가 더욱 분명할 것으로 생각할 수 있다. 과연 질문만 변형하는 것이 실제로 지식 주입에 효과적인 것일까?

위 질문에 대해서 답변하려면 초거대 언어 모델의 특징 중 하나인 인 콘텍스트 러닝(in-context learning)에 대해 이해해야 한다. 인 콘텍스트 러닝이란, 초거대 언어 모델의 창발적인 능력 중 하나로, 모델을 변형하지 않고 질문만 변형해도 답변의 품질을 높일 수 있는 특징을 뜻한다(Tom B. Brown, et al., 2020). 예를 들어, 삼행시에 대해서 전혀 지식이 없는 초거대 언어 모델이 있다고 가정해 보자. 해당 모델은 삼행시가 무엇인지 모르기 때문에, 단순히 삼행시를 만들어 달라고 하면 엉터리 답변을 생성할 확률이 높다. 그러나 삼행시에 대한 예시를 질문에 포함해서 주면, 모델은 해당 예시만으로도 삼행시에 대한 이해가 올라가서 더 좋은 품질의 답변을 생성해 준다. 이는 기존의 인공지능 기술과는 판이한 특징이다.

기존의 인공지능 기술에서는 삼행시를 잘하게 하려면, 삼행시의 예제 등을 모아서 모델을 변형해 줬어야 한다. 즉, 모델이 못하는 문제에 맞닥뜨리면, 모델을 변형해 해당 문제에 대한 성능을 올리는 것 외에는 별도의 선택지가 없었다는 것이다. 반면, 초거대 언어 모델은 문제에 대한 예시를 질문에 추가하는 것만으로도 성능이 크게 올라간다. 굳이 모델을 변형할 필요가 없다는 것이다. 물론, 모델을 변형하면 더 높은 성능을 담보할 수 있을지도 모르지만, 기존의 인공지능과는 다르게 이는 필수적인 과정이 아니게 된 것이다.

그뿐만 아니라, 인 콘텍스트 러닝은 예시를 보여 주는 것에 국한되지 않는다. 질문에 대해 추가 설명을 해 주는 것을 통해서도 역시 답변의 품질을 올릴 수 있다. 예를 들어, 어떠한 수학적 사실에 대한 증명을 물어보았다고 가정해 보자. 이때, 수학적 증명에 대한 별다른 설명 없이 물어보는 것보다, 수학적 증명에 대한 설명을 첨부해서 물어보는 것이 더 좋은 답변을 얻을 확률이 높다는 것이다. 물론, 예시를 주는 것과 설명을 추가로 주는 것이 서로 배타적이진 않다. 오히려 예시와 추가 설명을 같이 주는 것이 더 자연스럽고, 답변의 품질도 더 좋을 수 있다. 예를 들어, 어떤 수학적 사실을 귀류법을 통해서 증명해 달라고 물었다고 생각해 보자. 이때, 귀류법이 어떤 형태의 증명 방식인지에 대해 풀어서 설명을 추가해 주는 것은 물론, 실제로 귀류법을 적용해 증명을 수행한 예시를 같이 주는 것이 추가 설명과 예시만 주는 것보다 더 높은 품질의 답변을 얻을 확률이 높다. 결국, 모델이 잘 답변하지 못하는 질문이어도, 그에 대한 설명이나 예시를 추가할 수 있다면 모델 변형 없이도 성능을 높일 수 있는 것이다.

물론, 인 콘텍스트 러닝과 모델 변형이 동일한 지식 주입 효과가 있다고 여길 수는 없다. 인 콘텍스트 러닝은 어디까지나 현재의 질문에 추가된 정보를 통해서 지식을 주입하는 것이지만, 모델을 변형하면 모든 질문에 대해서 추가된 지식이 영향을 주기 때문이다. 예를 들어, 수학적 사실에 대해 귀류법을 통해서 증명해 달라는 질문을 생각해 보자. 이 질문에 귀류법의 설명과 예시를 추가하게 되면 해당 질문에 대해서는 좋은 답변을 얻을 수 있을지도 모른다. 하지만 다른 수학적 사실에 대해 질문할 때, 앞서 추가한 설명과 예시를 같이 주지 않는다면 새로운 질문에 대한 답변의 품질은 좋지 못할 것이다. 반면, 귀류법에 대한 지식을 모델 변형을 통해서 주입하게 되면, 변형 이후 모든 귀류법을 활용하는 질문에 대해서 모델이 더 좋은 답변을 생성해 줄 것을 기대할 수 있다. 다만, 비용적인 측면에서 모델 변형 없이 질문만 변형하는 것으로도 성능을 좌지우지할 수 있다는 점은 초거대 언어 모델만의 막강한 특권이라고 생각할 수 있다.

프롬프트 엔지니어링이란?

앞서 살펴본 인 콘텍스트 러닝에 따르면, 질문만 변형하는 것으로도 답변의 품질을 크게 높일 수 있다. 자연스럽게도, 질문 변형 과정을 더욱 체계적으로 수행하고 최적화하는 프로세스가 탄생했다. 이 프로세스를 프롬프트 엔지니어링이라고 부르고, 대개 주어진 질문을 변형하고 보강해 초거대 언어 모델에게 질문하는 방법론을 의미한다. 프롬프트 엔지니어링이라는 이름에서 '프롬프트'는 모델에게 주어지는 입력을 뜻한다. 입력은 질문뿐만 아니라 모델한테 전달하는 모든 것을 포함하는 개념이다. 예를 들어, 특정 글을 주고 이에 대한 요약문을 작성해 달라고 했을 때, 프롬프트에는 요약문을 작성해 달라는 질문뿐만 아니라 요약의 대상인 원래의 글도 포함된다는 것이다. 프롬프트를 '엔지니어링'한다는 것은 이를 여러 형태로 변형하고 최적화해 답변의 품질을 높이는 것을 뜻한다(Jules White, et al., 2023).

프롬프트 엔지니어링은 사실 매우 넓은 범위의 기술들을 지칭하는 말이다. 대표적으로, 질문을 변형해 답변의 품질을 높이는 모든 방법론을 총칭하기에, 프롬프트 엔지니어링 내에서도 다양한 방식으로 질문을 변형하는 방법이 존재한다. 때에 따라서는 질문을 풀어서 물어보거나 살짝만 변경하는 정도에서 그칠 수도 있고, 아예 추가 정보를 보강할 수도 있다. 얼핏 생각하면 매우 간단해 보이지만, 이는 초거대 언어 모델 활용에서 가장 기본적인 방법론 중 하나로 가장 많이 활용되고 있다. 특히, 프롬프트 엔지니어링과 초거대 언어 모델을 활용하는 다른 방법을 동시에 사용하는 경우가 매우 빈번하다. 이는 프롬프트 엔지니어링에 드는 비용이 제일 저렴해 굳이 사용하지 않을 이유가 없기 때문이다.

프롬프트 엔지니어링의 예로, 초거대 언어 모델에게 삼행시를 지으라고 요청할 때, 삼행시가 무엇인지 설명을 함께 제공하는 것을 들 수 있다. 예컨대, '삼행시란 상대방이 세 개의 글자를 한 글자씩 말했을 때, 각각의 글자로 시작하는 짧은 문장을 작성해 하나의 이야기를 표현하는 방법이야' 등의 설명을 같이 추가하고 삼행시를 지어 달라고 하는 것이다. 이때, 설명뿐만 아니라 삼행시의 예시를 추가하면 더욱 효과적일 수 있다. 이렇게 예시를 추가해 주는 방법을 보통 퓨샷(few-shot) 프롬프트 엔지니어링이라고 부른다(Qingxiu Dong, et al., 2022). 샷은 추가해 준 예시를 뜻하고, 앞에 붙은 '퓨'는 적은 수량을 지칭하는 것이다. 즉, 적은 수의 예시를 질문에 추가하는 것만으로도 성능이 오른다는 의미를 내포하고 있다.

초거대 언어 모델의 또 하나의 특징은 바로 프롬프트에 있는 내용들의 순서에 따라서 답변의 품질이 많이 바뀐다는 것이다. 핵심적인 내용을 중간에 두는 것보다는, 앞이나 뒤에 두는 것이 더 효과적인 것으로 알려져 있다. 예를 들어, 초거대 언어 모델한테 긴 글을 주고 이를 요약해 달라 물었다고 가정해 보자. 이때, 요약본에는 글의 가운데 있는 내용보다는 글의 앞 혹은 뒷부분에 있는 내용이 더 많이 있을 가능성이 높다. 그뿐만 아니라, 질문의 대상과 질문, 그리고 이에 대한 예시를 이용해 프롬프트를 구성할 때, 때에 따라서는 예시를 질문의 앞에 두느냐 혹은 뒤에 두느냐에 따라서도 결과가 크게 달라진다. 질문의 대상이 짧다면, 질문 뒤에 예시를 추가해도 괜찮을 수 있지만, 대상이 길다면, 질문을 예시 뒤에 배치해 프롬프트의 중간에 질문이 오는 것을 막는 것이 중요할 수도 있다. 프롬프트 엔지니어링에서는 질문을 직접 변형하는 것뿐만 아니라 프롬프트 내 질문의 배치 또한 최적화의 대상이라는 뜻이다.

예시를 주는 것 말고 질문 그 자체를 변형하는 방식의 프롬프트 엔지니어링도 있다. 예를 들어, 복잡한 계산 문제의 답을 얻기 위해 하나의 질문이 아닌 여러 개의 단순한 질문으로 나누고 각 질문의 답변을 취합해 최종 계산 결과를 얻는 방식이다. 일종의 분할 정복 방식으로, 보통 이를 생각의 사슬(chain of thought) 프롬프트 엔지니어링이라고 부른다(Hyung Won Chung, et al., 2022). 이는 마치 복잡한 생각을 여러 개의 단순한 생각으로 쪼개듯이, 하나의 질문을 여러 개의 하위 질문의 연쇄 작용으로 분할하기 때문에 붙은 이름이다. 예를 들어, '철수한테 다섯 개의 사과가 있고, 사과 하나당 3000원이다. 이때 영희한테 두 개의 사과를 주었다면, 철수가 가진 사과의 총 가치는 얼마일까?' 따위의 질문을 했다고 상상해 보자. 생각의 사슬 프롬프트 엔지니어링을 활용하면 위 질문을, '철수한테 다섯 개의 사과가 있고, 사과 하나당 3000원이다. 이때 영희한테 두 개의 사과를 주었다면, 철수가 가진 사과의 총 가치는 얼마일까? 우선, 철수한테 남은 사과의 개수를 구하라. 그다음,

사과의 총 가치를 계산하라' 등으로 바꿀 수 있다. 한 번에 남은 사과의 가치를 구하는 것보다, 남은 사과의 개수를 먼저 구하고 그다음 총 가치를 구하는 식으로 질문하는 것이다. 이처럼, 생각의 사슬 방식의 프롬프트 엔지니어링은 상당히 직관적이고 활용 범위가 넓다. 초거대 언어 모델이 높은 정확도로 수행할 수 있을 때까지 문제를 쪼개다 보면, 생각보다 어려운 질문들도 곧잘 좋은 답변을 얻을 수 있기 때문이다. 프롬프트 엔지니어링은 프롬프트를 구성하는 질문을 직접 변형하거나, 프롬프트에 예시를 추가하고, 프롬프트 내에 내용의 순서 등을 바꿔 가며 답변의 품질을 높이는 방법론이다.

복잡한 비즈니스 문제의 분할 정복

프롬프트 엔지니어링이 유용한 이유 중 하나는 복잡한 비즈니스 문제를 보다 단순한 문제로 분할할 수 있다는 것이다. 이는 생각의 사슬 프롬프트 엔지니어링 아이디어와 유사한데, 하나의 질문에만 국한한 분할 정복이 아닌, 보다 광범위한 분할 정복에 대한 이야기다. 복잡한 문제를 분할하다 보면 어느 순간 초거대 언어 모델이 잘 해결할 수 있는 문제들의 집합으로 나뉠 수 있기 때문이다.

특히 프롬프트 엔지니어링을 도입하면 모델 변형 없이 해결할 수 있는 질문 복잡도의 역치가 올라간다. 초거대 언어 모델이 해결할 수 있는 문제의 단위가 보다 커지기 때문에, 억지로 문제를 과하게 분할하지 않아도 충분히 해결할 수 있는 문제들로 쪼갤 수 있다는 것이다. 이처럼, 분할된 질문을 하나씩 해결해 궁극적인 비즈니스 문제를 해결하면, 모델 변형 없이도 충분한 비즈니스 가치를 창출할 수 있다.

예를 들어, 상품 리뷰 내용에 따라 좋은 리뷰에는 감사의 인사와 유사 제품 추천을 하고, 나쁜 리뷰에는 사과의 말을 자동으로 작성해 주는 인공지능 서비스를 계획한다고 가정해 보자. 이때, 단순히 리뷰 내용을 주고 원하는 결과를 바로 요청하면 잘 동작하지 않을 수 있다. 반면, 이 비즈니스 문제를 리뷰 내용이 좋은지 나쁜지 분류하는 단계와 각 분류별로 상품 추천 혹은 사과의 말을 생성하는 단계로 나누어 생각해 보자. 먼저, 리뷰 내용을 주고 이 리뷰가 긍정적인지 부정적인지 판별해 달라고 물어보도록 하자. 이후, 모델의 답변에 따라서 분기를 두고, 좋은 리뷰에는 유사한 상품을 추천해 달라 요청하고, 나쁜 리뷰에는 사과의 말을 작성해 달라고 요청하는 것이다. 이런 경우, 한 번에 결과를 얻으려는 시도보다 더 높은 정확도를 기대할 수 있으며, 단계를 나눔으로써 최종 결과를 수정하고 싶을 때 어느 부분을 변경해야 할지 명확히 알 수 있다.

이렇듯, 한 번의 질문으로 해결이 어려운 비즈니스 문제들은 보통 중간에 암묵적으로 이루어지는 판단의 결과에 따라 분기를 나눠야 하는 경우가 많다. 좋은 리뷰일 때와 안 좋은 리뷰일 때 그 이후의 대응 방식이 다른데, 이를 초거대 언어 모델이 내부적으로 알아서 처리해 주길 바라는 셈이다. 이런 암묵적인 판단을 기준으로 문제를 분할하고, 판단 결과에 따라서 명시적으로 다른 대응 방식을 취하면 훨씬 수월하게 복잡한 비즈니스 문제를 해결할 수 있다.

참고문헌

Hyung Won Chung, et al.(2022). Scaling instruction-finetuned language models. *Journal of machine learning research*, 25(70). pp.1-53.

Jules White, et al.(2023). A prompt pattern catalog to enhance prompt engineering with ChatGPT. arxiv.org

Qingxiu Dong, et al.(2022). A survey on in-context learning. arxiv.org

Tom B. Brown, et al.(2020). Language models are few-shot learners. arxiv.org

07
비즈니스 문제 해결 2: 검색 증강 생성

검색 증강 생성은 외부 지식을 직접적으로 활용하는 초거대 언어 모델 사용법이다. 이때, 질문에 알맞은 외부 지식을 선별하기 위해서 정보를 검색하는 과정을 거치게 된다. 이 검색 과정은 단순한 인터넷 검색일 수도 있고, 혹은 사내 데이터베이스 내의 정보를 검색하는 것일 수도 있다. 검색 증강 생성은 외부 지식에 대한 답변의 의존도를 높여 주는데, 때에 따라서 답변의 환각을 억제할 수도, 심화시킬 수도 있다.

검색 증강 생성이란?

질문을 변형하거나 관련 예시를 추가해 주는 것만으로는 답변의 품질을 올리기 어려운 경우도 있다. 예컨대 답변하기 위해서 필요한 지식 자체가 초거대 언어 모델한테 없는 경우다. 집 근처 카페 메뉴 중에서 디저트 메뉴만 알려 달라는 질문을 했다고 상상해 보자. 초거대 언어 모델에게 해당 카페 메뉴에 대한 지식이 없다면, 질문을 변형하거나 예시를 주는 것으로는 절대 답변할 수 없는 질문이다. 카페 메뉴를 모르는데, 질문을 바꾼다고 달라지는 것은 없기 때문이다. 또한 다른 카페 메뉴에서 추출한 디저트 메뉴 예시를 아무리 주어도, 정작 내가 물어본 카페 메뉴를 모르면 아무런 도움이 되지 않는다. 즉, 초거대 언어 모델이 해당 질문에 대해 답변하기 위해 필요한 최소한의 지식도 없는 경우에는 질문 변형 및 예시 추가를 통한 프롬프트 엔지니어링이 큰 효과를 보기 어렵다. 이럴 때는 답변을 하기 위해 필요한 외부 지식을 직접적으로 질문과 함께 주어야 한다. 예를 들어, 위 질문에서 말한 카페 메뉴를 검색해 질문과 함께 줄 필요가 있다는 것이다.

초거대 언어 모델이 답변에 필요한 최소한의 지식이 없는 경우에만 외부 지식을 주입하는 것이 효과적인 것은 아니다. 초거대 언어 모델이 이미 지식을 가지고 있어도, 질문에 외부 지식을 명시적으로 보강해 주는 것이 더 좋은 답변을 얻을 수 있게 도와주기도 한다. 예컨대, 교과서를 이미 정독했다 하더라도, 시험 문제를 풀 때 기출 문제집 등을 볼 수 있으면 더 수월한 것과 같다. 물론 그렇다고 해서 마구잡이로 외부 지식을 욱여넣는 것이 능사는 아니다.

때에 따라 주입해야 하는 외부 정보를 적절히 선별하지 않으면 그 양이 불필요하게 많아지는 경우도 있다. 예를 들어, 조선 시대에 관한 역사 질문에 한반도 5000년 역사에 관한 기록을 모두 주입하는 것은 과한 것과 같다. 또한 비슷한 종류의 질문이어도, 질문마다 필요로 하는 핵심 정보가 다른 경우도 있다. 예를 들어 특정 보험의 보험료 지급 여부를 알고 싶다면, 해당 보험 약관 정보를 같이 제공해야 한다. 보험이 바뀌면 제공하는 약관도 함께 바뀌 줘야 한다. 그렇다고 모든 약관 정보를 일괄적으로 질문에 추가하기에는 양이 너무 많다. 이런 경우, 질문과 관련한 정보를 선별하고, 선별한 정보를 질문에 보강해 초거대 언어 모델한테 묻는 것이 효과적이다. 이처럼, 질문과 관련한 외부 정보를 검색하고 질문을 보강해 답변을 생성하는 방법을 검색 증강 생성(Patrick Lewis, et al., 2020; Yunfan Gao, et al., 2023)이라고 부른다.

검색 증강 생성의 핵심은 질문에 답하는 데 도움이 되는 외부 지식을 적절히 검색하는 것이다. 단순히 많은 지식을 주입하는 것이 목적이 아니다. 실제로 검색해 온 정보는 최대한 질문과 연관이 있어야 하고, 또한 질문과 연관이 있는 정보는 최대한 놓치지 말아야 한다. 이를 각각, 검색의 정밀도와 재현율이라고 부른다. 예를 들어, 유명 축구 선수의 생애를 요약해 달라는 질문에 검색 증강 생성을 적용하는 것을 상상해 보자. 이때 우리는 해당 축구 선수의 위키피디아(Wikipedia) 페이지는 가져오고, 다른 축구 선수의 위키피디아 페이지는 가져오지 않는 것이 좋은 검색이라는 것을 직관적으로 알 수 있다. 실제 질문과 무관한 축구 선수에 대한 정보는 배제하고, 해당 축구 선수와 관련한 정보만 가져오길 바라는 것이다.

적절한 정보를 검색해 왔다면, 이를 질문에 어떻게 보강할지 고민해야 한다. 모델의 입력으로 주어지는 프롬프트에 질문과 검색해 온 정보를 어떻게 배치하느냐에 따라서도 답변의 품질이 영향을 받기 때문이다. 다만, 모든 경우에 대해서 정답인 배치가 있지는 않기 때문에 몇 번의 시행착오를 통해 적절한 배치를 찾아야 한다. 이처럼, 검색 증강 생성은 질문에 맞는 정보를 찾은 후, 이를 질문 내용에 추가해 초거대 언어 모델의 답변을 생성하는 방식이다. 이는 기존 질문을 단순히 변형하거나 예시를 추가하는 것을 넘어서, 직접적으로 외부 지식을 활용한다는 차이가 있다.

검색 증강 생성에서의 검색 고도화

검색 증강 생성에서 질문과 연관성이 있는 외부 정보를 검색하는 과정을 거친다. 한 가지 중요한 것은, 이 검색 과정을 단순한 인터넷 검색으로 한정해서 이해하면 안 된다는 것이다. 물론, 인터넷 검색으로도 해당 과정을 구현할 수 있지만, 보통은 인터넷 검색만으로는 구하기 어려운 정보들을 주입하고자 한다. 이는 인터넷에 널리 알려진 정보는 초거대 언어 모델이 만들어지는 과정에서 이미 주입되었을 가능성이 크지만, 사내 데이터베이스 등은 모델이 전혀 모를 가능성이 크기 때문이다. 예를 들어, 자사 직원들을 대상으로 질의응답을 해 주는 인공지능 상담원을 개발한다고 가정해 보자. 이 서비스는 회사 내의 정보망 안에 있는 정보를 토대로 질의응답을 할 것이다. 회사 내 절차에 관한 질문이나 외부 유출이 금지된 보고서에 대한 질의 등 웹상의 정보가 아닌 사내 정보가 있어야 하는 질문에 답하기 위해서는, 사내 정보를 대상으로 검색 증강 생성 방법을 활용해야 하는 것이다.

다만, 사내 데이터베이스는 웹상의 정보와는 몇 가지 차이점이 있다. 그중 하나는 바로 편리한 검색 서비스의 부재다. 사내 데이터베이스 내의 정보를 검색하기 위해서는 별도의 검색 알고리즘을 도입해야 한다. 이때, 사내 데이터베이스의 형태 또한 다양하기에, 웹상의 검색 알고리즘을 그대로 사용하기 어려울 수도 있다. 예를 들어, 사내 데이터베이스가 외부 인터넷과 유사한 형태를 띠고 있을 수도 있지만, 단순히 여러 보고서와 기록의 집합일 수도 있다. 따라서 사내 데이터베이스를 검색하기 용이한 형태로 가공할 필요가 있다.

이런 가공 과정의 예시 중 하나로, 사내 텍스트 정보를 고유한 숫자로 치환하는 방법을 들 수 있다. 그렇다면 우리는 질문이 들어올 때 텍스트를 비교하는 것이 아니라 여러 숫자를 비교해 정보를 선택할 수 있다. 예를 들어, 사내에 존재하는 보고서에 모종의 방법으로 각각 고유한 번호를 부여했다고 상상해 보자. 이때, 질문에 대해서도 같은 방법으로 번호를 부여한 다음, 질문에 대응하는 번호와 가장 유사한 번호를 부여받은 보고서를 해당 질문과 연관성이 있는 정보라고 판단하는 것이다. 이는 텍스트 사이의 비교가 아닌 숫자 사이의 비교이기에 보통 더 명확하고 빠르다. 이렇게 텍스트 정보를 숫자로 치환하는 과정을 거치게 되면, 사내 데이터베이스가 여러 숫자의 데이터베이스로 바뀌는데, 보통 이 바뀐 데이터베이스를 벡터 데이터베이스(vector database)라고 부른다(Zhi Jing, et al., 2024).

실전에서는 보고서마다 하나의 숫자를 부여하는 것이 아니라 훨씬 더 많은 숫자를 부여해 분별력을 높인다. 예를 들어, 숫자 하나에 0부터 9 사이의 수를 기재할 수 있다고 생각해 보자. 이때, 숫자를 하나만 쓰면 총 10개의 정보만 고유하게 분별할 수 있다. 하나가 아니라 두 개를 쓰면 총 100개의 정보를 고유하게 분별할 수 있다. 즉, 숫자를 많이 쓰면 쓸수록 훨씬 더 많은 정보를 고유하게 분별할 수 있게 된다는 뜻이다. 이때 부여한 숫자들을 보통 임베딩(embedding)이라고 부르며, 이 임베딩을 부여하는 방법에 따라서도 검색 증강 생성의 성능이 달라진다.

검색에서 중요한 또 다른 부분은 정보를 분할하는 단위다(Yunfan Gao, et al., 2023). 예를 들어, 사내에서 작성한 보고서들을 보고서 단위로 분할해 검색할 수도 있고, 문단 단위로 나누어 검색할 수도 있다. 특정 보고서의 한 문단만 현재 질문과 연관성이 있다면, 보고서 전체를 주입하기보다는 해당 문단만 주입하는 것이 검색 증강 생성에서 더 효율적이다. 다만, 문단 단위의 검색이 보고서 단위의 검색보다 더 어려울 수 있다. 이처럼 정보를 분할하는 것을 청킹(chunking)이라고 부르며, 그 방법 또한 매우 다양하다. 위 예시에서 설명한 문단 단위의 분할은 특정한 문법적 단위를 기준으로 정보를 나누는 방법이다. 문단 외에도, 장, 절, 조 등 정보의 형태에 따라서 다양한 기준으로 분할할 수 있다. 또는 문법적 단위가 아닌 텍스트의 의미를 기준으로 분할할 수도 있다. 예를 들어, 보고서 안에 있는 여러 문단을 분할할 때, 같은 대상에 대해서 이야기하고 있는 문단들끼리 묶어서 분할하는 것이다. 이처럼, 청킹을 할 수 있는 방법은 무궁무진하게 다양하다. 그러나 어떤 청킹 방법이 가장 효율적인지는 질문마다 다를 수 있기 때문에, 현재 검색 증강 생성 분야에서는 보편적으로 성능이 제일 좋은 방법론은 아직 발견되지 않았다.

환각과 검색 증강 생성

검색 증강 생성은 외부 지식을 직접 검색해 와서 질문과 함께 모델의 입력으로 활용한다. 따라서 초거대 언어 모델의 답변에 거짓 정보가 포함되는 환각 현상을 줄이는 데 효과적이다(Kurt Shuster, et al., 2021). 외부 지식이 없는 경우, 초거대 언어 모델은 질문만 참고해 답변을 단어 하나씩 순차적으로 생성하게 된다. 반면, 외부 지식을 추가해 주면, 질문과 추가된 지식을 모두 참고하기 때문에 단어가 외부 지식에 근거해서 생성될 가능성이 커진다. 검색 증강 생성의 이런 특성은 정확한 답변을 요구하는 대부분의 비즈니스 상황에서 매우 중요하다.

또한 외부의 정보 없이 초거대 언어 모델이 이미 알고 있는 지식만 활용한다면, 모델이 답변할 수 없는 질문에 대한 직접적인 대책이 없다. 예를 들어, 의료 지식이 전혀 없는 모델한테 의료 관련 질문을 하게 되었을 때 대비책이 없는 것이다. 모델은 해당 질문에 정확한 답변을 할 지식이 부족한 경우에도 그저 다음에 올 확률이 높은 단어들을 순차적으로 생성하기 때문에 답변에 거짓 정보가 섞일 수 있는 것이다. 이런 경우, 외부 의료 지식을 함께 주입하면 질문을 답변하기 위한 필수 정보를 바탕으로 다음에 올 확률이 높은 단어들을 생성하게 되어, 환각 효과를 억제할 수 있다.

다만, 검색 증강 생성이 항상 환각을 억제하기만 하는 것은 아니다. 검색 증강 생성의 효과를 보다 정확히 말하면, 주입한 외부 지식을 기반으로 답변을 생성하게 해 주는 것이다. 이때, 외부 지식이 사실이면, 답변 또한 사실에 근거해서 생성되기에 환각 효과가 억제된다. 하지만 만약 주입한 외부 지식이 사실과 다른 정보를 담고 있다면 어떻게 될까? 이 경우에는 오히려 검색 증강 생성을 사용했지만 환각 효과가 더 심해질 가능성이 커진다. 이는 모델이 외부 지식에 대해서 참인지 거짓인지 별도로 판단하고 답변을 생성하는 것이 아니기 때문이다. 주입한 외부 지식이 실제로 사실을 담고 있냐 아니냐에 따라서 검색 증강 생성의 환각 억제 효과가 상이할 수 있는 것이다.

나아가서, 검색 증강 생성의 목적이 항상 환각 억제인 것 또한 아니다. 애초에 목적 자체가 사실과 다른 정보를 기반으로 답변을 생성하는 것일 수도 있다. 예를 들어, 질병 분류 체계에 대한 여러 정보가 있지만, 그중 의학적인 사실로 받아들여지는 기준은 하나일 것이고, 누군가가 질병 분류 체계에 대한 사실적인 정보를 원한다면 이 기준을 알려 줘야 할 것이다. 반면, 특정 보험 회사가 여러 보험 상품에서 보장하는 질병 분류 기준은 의학적 사실과 다를 수 있다. 만약, 보험 회사에서 사내 특정 질병의 보장 여부에 대한 질의응답을 위해 검색 증강 생성을 활용한다고 하면, 관련 정보로 의학적 분류 체계에 대한 정보를 알려 주는 것은 오히려 안 좋은 선택일 수도 있다. 반대로, 의학적 사실과는 상충하지만, 해당 보험 상품만의 분류 기준을 알려 주는 것이 보험 회사 입장에서는 더 좋은 답변을 기대할 수 있을 것이다. 즉, 보험 회사는 의학적인 기준으로 질병을 분류해 보험의 보장 여부를 판단하기보다는, 사내 보험 상품의 질병 분류 기준을 준수해 보장 여부를 판단하기를 원할 것이다. 이 경우에는 의도적으로 의학적 분류와 상충하는 정보를 포함한 답변을 생성하고자 하는 것이다. 결국, 검색 증강 생성은 단지 외부 지식에 대한 답변의 의존도를 높여 주는 것이기 때문에, 사용하기에 따라서 환각 효과를 억제할 수도, 증대할 수도 있는 것이다.

참고문헌

Kurt Shuster, et al.(2021). Retrieval augmentation reduces hallucination in conversation. arxiv.org

Patrick Lewis, et al.(2020). Retrieval-augmented generation for knowledge-intensive NLP tasks. *Advances in Neural Information processing systems,* 33. pp.9459-9474.

Yunfan Gao, et al.(2023). Retrieval-augmented generation for large language models: A survey. arxiv.org

Zhi Jing, et al.(2024). When large language models meet vector databases: A survey. arxiv.org

08
비즈니스 문제 해결 3: 미세 조정

미세 조정을 이용하면 초거대 언어 모델이 내가 원하는 형태의 질문과 답변에 대해서 더 익숙해지게 만들 수 있다. 이는 광범위한 지식을 주입하는 것과는 다르게 특정 질문에 대한 답변을 더 잘 생성하게 만드는 것에 국한된다. 이를 위해서는 질문과 답변으로 이루어진 질의응답 데이터를 사전에 준비할 필요가 있다. 미세 조정은 단독으로 사용할 수도 있지만, 질문만 변형하는 초거대 언어 모델 방법과 같이 활용하면 그 효과가 더욱 극대화된다.

미세 조정이란?

초거대 언어 모델에 지식을 주입할 때, 질문 혹은 모델의 입력만을 변형하는 것에서 그치지 않고 모델 그 자체를 변형해야 하는 경우도 있다. 질문이나 모델의 입력만 변형하는 경우 해당 질문에 대해 답변할 때만 주입된 지식의 효과를 본다. 반면, 모델을 직접 변형하면 변형 과정에서 주입된 지식의 효과를 모든 질문에 대해서 체감할 수 있다. 예를 들어, 답변에 항상 글머리 기호를 이용하는 특이한 형태를 원하는 경우, 모든 질문마다 글머리 기호에 대한 설명이나 예시를 추가해 주는 것보다는, 이러한 답변 형태를 잘 이해하는 모델을 활용하는 것이 더 유리하다.

원하는 답변 형태에 대한 설명을 질문에 추가할 수 있지만, 애초에 모델을 만들 때 내가 원하는 특이한 형태를 참고하면 더 높은 성능을 기대할 수 있다. 그뿐만 아니라, 질문마다 반복적으로 넣어 줘야 하는 추가 설명 또한 생략할 수 있어서 더욱 편리하다. 이처럼, 영구적으로 지식을 주입하고자 하는 경우 모델을 직접 변형하는 방법론을 채택하게 된다.

모델을 직접 변형하는 것은, 주입하고자 하는 지식의 범위나 다양성에 따라서 여러 방법론으로 나뉜다. 앞서 예시로 든 특이한 답변 형태에 대한 지식 정도를 주입할 때는, 모델을 크게 변형하지 않는 미세 조정 방법론이 자주 사용된다. 미세 조정은 그 이름에서도 알 수 있듯이, 원래 모델에서 상대적으로 작은 변형만 가하는 방법이다. 따라서 모델의 전반적인 특징은 보존하되 내가 원하는 특이한 형태의 답변에 대한 이해를 상승시키는 것을 주목적으로 한다(Long Ouyang, et al., 2022). 반면, 특정 분야에 대한 광범위한 지식 등은 미세 조정 방법론으로 주입하기에는 한계가 있다.

미세 조정의 기본 원리는 내가 원하는 형태의 답변을 모델한테 많이 노출하는 것이다. 예를 들어, 만약 내가 모델의 답변이 고풍스러운 스타일을 띠기를 원한다면, 고풍스러운 답변을 자주 보여 주면 되는 것이다. 구체적으로, 미세 조정은 여러 질문에 대해 내가 원하는 형태의 답변을 미리 준비하고, 질문에 대해서 준비한 답변을 모델이 생성하도록 변형하는 것이다. 따라서 미세 조정을 수행하려면 내가 원하는 형태의 질문과 답변으로 구성된 일종의 질문과 답변 쌍이 필요하다. 이런 질문과 답변 쌍을 보통 질의응답 데이터라고 부르고, 미세 조정을 위해서 보통 몇천에서 몇만 건 정도를 준비하는 것이 일반적이다. 데이터가 준비되었다면 모델한테 특정 질문을 주고, 내가 원하는 형태의 답변을 생성하도록 변형한다. 특이한 형태의 답변을 요구하는 질문이라도 데이터를 미리 준비해 두면 미세 조정을 통해 답변의 정확도를 높일 수 있다.

다만, 미세 조정은 광범위한 지식을 주입하기에는 적절하지 않다. 그 이유는 미세 조정을 할 때 질문과 답변 쌍을 사용하기 때문이다. 즉, 특정 질문에 대한 답변을 잘하게 되는 것이지 광범위한 지식을 가지게 되는 것은 아니다. 예를 들어, 한국사 관련 문제집을 반복해서 풀었다고 가정해 보자. 그렇다면 해당 문제집에 속해 있는 문제들에 대해서는 잘 답변할 수 있을지 모른다. 그러나 한국사 전반에 걸친 지식을 잘 알게 될 것이라고 기대하긴 힘들다. 미세 조정 또한 마찬가지다. 주어진 질문에 대한 답변을 잘할 수는 있어도, 질문이 다루지 못하는 지식에 대해서는 별다른 이점을 보이지 못한다. 즉, 광범위한 지식을 새로 주입하기보다는, 특정 질문에 답을 잘할 수 있도록 모델을 변형하는 것이 미세 조정이다.

그렇다고 해서 미세 조정이 효과가 없는 것은 아니다. 아무리 지식을 가지고 있다고 해도, 이를 적절히 활용해 질문에 답변하는 것은 별개의 영역이다. 예를 들어, 한국사 교과서만 반복해서 읽는 것보다는, 관련 기출 문제 등을 풀어 보는 것이 한국사 시험에 더 유리한 것과 같은 이치다. 오히려, 초거대 언어 모델처럼 만들어질 때 광범위한 데이터를 이용해 온갖 지식을 가지고 있는 경우, 약간의 미세 조정만으로도 질의응답 성능이 비약적으로 상승할 수도 있다.

물론, 이런 성능 상승을 담보하기 위해서는 모델 자체를 변형해야 한다는 점은 여전하다. 따라서 미세 조정은 질문만 변형하는 방법보다 훨씬 더 큰 비용이 든다. 특히 모델을 변형하는 데 필요한 장비뿐만 아니라 내가 원하는 형태의 질문과 답변 데이터를 미리 준비하는 데도 생각보다 큰 비용이 들 수 있다. 결국, 준비한 질문과 답변 데이터의 수량과 품질이 미세 조정의 효과에 직접적으로 영향을 끼치기 때문에, 데이터를 미리 준비하는 것이 중요하다. 이렇듯, 비용이 많이 드는 미세 조정을 경제적으로 잘 활용하려면 이 방법의 한계와 목적을 잘 파악하고 있어야 한다.

미세 조정의 도입 효과

미세 조정의 실제 도입 효과와 기대 사이에는 흔히 큰 괴리가 있다. 사람들은 미세 조정을 통해 의료나 법률 등 전문 분야에서 고도화한 질의응답 모델을 기대한다. 하지만 미세 조정만으로 해당 분야에 특화한 문제를 해결하기는 어렵다. 따라서 비즈니스 문제를 해결하기 위해 초거대 언어 모델을 도입할 때 흔한 실수 중 하나는 미세 조정으로 풀기 어려운 문제에 미세 조정을 도입하는 것이다.

질문만 변형하는 방법은 실패해도 비용이 많이 들지 않으므로 큰 타격이 없을 수 있다. 하지만 미세 조정은 한 번의 시도에 큰 비용이 들어 실패 시 타격이 클뿐더러, 정확하게 한계를 파악하고 시도하기 어렵다는 문제가 있다. 예를 들어, 특정 분야에 대한 질문과 답변 형태의 데이터를 모았을 때, 해당 분야의 지식이 얼마나 주입되는지 예측하기 힘들다. 물론, 미세 조정보다 비용이 더 드는 방법도 있지만, 이 경우 검토가 세밀해져 실패 확률이 오히려 낮아진다. 즉, 큰 경각심을 가질 만큼은 비용이 들지 않기 때문에 실패 확률이 오히려 높아지고, 이에 따라 많은 기업이 미세 조정 도입 단계에서 경제적 손실을 겪게 되는 딜레마가 있다. 따라서 미세 조정을 도입했을 때의 기대 효과를 정확히 파악할 필요가 있다.

미세 조정 단계에서는 기존 지식을 가지고 특이한 형태의 질문에 잘 대응할 수 있게 모델을 변형하는 것을 목표로 한다(Tongtong Wu, et al., 2024). 즉, 새로운 지식을 주입하는 단계는 아니라는 것이다. 이는 한글을 쓸 줄 아는 사람한테 삼행시를 가르치는 것과 같다. 만약 한글을 모르는 사람에게 무작정 삼행시를 가르치려고 하면 제대로 전달되지 않는 것처럼, 모델이 이미 의료나 법률 등의 분야에 대한 지식을 가지고 있지 않다면, 해당 분야의 특화 질문에 대해서 미세 조정을 해도 성능이 좋지 못할 가능성이 크다.

그렇다면 미세 조정을 통해서 실제로 해결할 수 있는 문제는 무엇일까? 일반적으로 미세 조정은 원하는 형태의 답변을 주도록 모델을 변형하는 것이다. 즉, 임의의 형태 답변이 아닌, 추후 작업에서 사용하기 용이한 형태로 답변하는 모델을 만드는 것이다. 반대로 말하면, 초거대 언어 모델이 답변할 때 고정된 형태로 답변하지 않는다는 것인데, 이는 초거대 언어 모델이 답변을 생성할 때 발생하는 무작위성에서 비롯한다. 초거대 언어 모델이 답변을 생성할 때, 같은 내용을 담고 있더라도 해당 문장의 구조는 상이할 수 있다. 이는 문장 전체를 생성하는 것이 아니라 단어를 하나씩 생성하는 초거대 언어 모델의 동작 원리와 연관이 있다. 예를 들어, '2+2는 뭐야?'라는 질문에 대해 답할 때, 초거대 언어 모델은 '4'라고 짧게 대답할 수도 있지만, '2+2는 4입니다'라고도 대답할 수 있다는 것이다. 두 답변 모두 같은 수학적 사실을 담고 있지만, 문장의 구조는 다르다. 만약, 초거대 언어 모델의 답변을 분석해 활용하고자 할 경우, 답변의 구조가 비교적 고정되는 것이 더 용이할 수 있다.

미세 조정을 도입하면, 질문에 대한 초거대 언어 모델의 답변 형태에 대한 변형을 가할 수 있다. 예를 들어, 상품 리뷰 내용에 대해 요약할 때, 임의의 형태가 아닌 원하는 요소별로 점수를 매긴 형태로 답변을 얻을 수 있게 해 준다. 즉, 자유롭게 리뷰를 요약하는 것이 아니라, 미리 정해 둔 구조로 요약하게 하는 것이다. 이 경우, 다음 단계에서 각 리뷰 요약본에 대해 요소별 점수를 일목요연하게 정리하기 편할 것이다. 즉, 미세 조정을 통해서 답변의 형태에 대한 강제가 가능해지고, 추후 단계에서 초거대 언어 모델의 답변을 활용하기 훨씬 쉬워지는 것이다. 물론, 모든 답변에 대해서 특정 형태를 강제하는 것은 아니다. 미세 조정을 진행하기 위해서 준비한 질의응답 데이터에 포함된 질문과 유사한 질문에 대해 답변할 때 영향을 받는 것이다. 즉, 특정 질문에 대해서 원하는 형태의 답변을 생성할 확률을 높여 주는 것이다.

미세 조정과 질문 변형 방법

미세 조정은 단독으로 사용하는 경우도 있지만, 질문을 변형해 초거대 언어 모델을 사용하는 방법과 같이 썼을 때 그 효과가 극대화된다. 예를 들어, 원래의 질문에 예시를 추가하는 프롬프트 엔지니어링을 수행했을 때를 생각해 보자. 해당 프롬프트 엔지니어링만을 이용해도 되지만, 만약 초거대 언어 모델이 예시와 함께 주어지는 질문에 이미 익숙하다면 성능이 더욱 좋아질 것이다. 즉, 예시와 함께 주어지는 질문과 알맞은 답변을 미리 모아 두고, 해당 질의응답 데이터로 미세 조정을 하는 것이다. 이렇게 미세 조정을 한 모델은 예시와 함께 질문하는 것에 대해서 더욱 익숙할 것이기 때문에, 질문에 예시를 추가하는 프롬프트 엔지니어링의 효과가 더욱 극대화될 것이라고 기대할 수 있다. 결국, 미세 조정은 그 과정에 사용한 질의응답 데이터의 특징을 모델이 띠게 하는 것이라고 이해할 수 있다.

즉, 질의응답 데이터를 준비할 때 답변을 내가 원하는 형태로만 가공했다면, 해당 데이터를 활용해서 미세 조정을 한 모델은 그 형태의 답변을 생성할 확률이 높아지는 것이다. 마찬가지로, 내가 준비한 질문이 어떠한 특징을 띤다면, 이 데이터로 미세 조정을 한 모델 역시 해당 형태의 질문에 대해서 더 잘 답변하게 되는 것이다. 결국, 미세 조정은 내가 원하는 특정한 답변 혹은 질문에 대해서 모델이 더 익숙해지게 만드는 단계다.

이런 미세 조정의 특징은 다른 질문 변형 방법에 날개를 달아 주는 격이다. 기존 모델의 변형 없이 어떻게든 모델이 더 좋은 답변을 생성해 주는 질문 형태를 찾기만 하는 것이 아니라, 애초에 모델이 특정 질문 형태를 선호하게 만들 수 있는 것이다. 물론, 질문을 적게 변형하는 경우에는 큰 효용이 없을 수도 있다. 그러나 검색 증강 생성처럼 외부 지식을 검색해 질문과 함께 이용하는 경우에는 얘기가 다르다. 예를 들어, 검색 증강 생성을 활용해서 연예인에 대한 질문에 답변을 생성한다고 해 보자. 이 경우, 단순히 해당 연예인에 대한 질문뿐만 아니라 연관된 많은 양의 정보를 모델이 입력받게 될 것이다. 이는 기존의 질문과 답변을 하는 형태에서는 찾아보기 힘든 유형의 질문이다. 즉, 모델 입장에서는 기존에 질문만 하던 것에서 갑자기 연관된 정보를 늘어뜨려 놓고 질문하게 바뀐 것이다. 모델을 미세 조정해 검색 증강 생성에서 증강된 형태의 질문에 더 잘 답변할 수 있게 만드는 것이 유리하다는 것이다.

미세 조정을 통해서 외부 지식을 증강한 질문에 대해

익숙해진다는 것은 생각보다 다양한 요소를 포함하고 있다. 일차적으로는, 질문과 외부 지식이 함께 주어지는 그 형식 자체에 대해서 익숙해지는 것이다. 그 이상으로는, 질문과 외부 지식의 배치 순서에 대해서도 익숙해질 수 있다. 즉, 검색 증강 생성을 사용할 때 외부 지식을 질문 뒤에 배치할 계획이면, 동일한 형태로 증강한 질의응답 데이터를 만들어서 미세 조정을 하는 것이 성능에 긍정적인 영향을 끼친다는 것이다. 질문만 변형하는 여러 방법이 효과가 있는 것은, 어찌 보면 모델이 이미 익숙한 질문의 형태를 찾는 것이라고 이해할 수 있다. 이미 만들어진 모델에 대해서 미세 조정을 추가로 진행하면, 내가 원하는 형태의 질문이 모델이 익숙한 형태의 질문이 될 수 있는 것이다. 이처럼, 미세 조정은 특정 형태의 질문과 답변에 대해서 모델이 익숙해지게 만드는 것이고, 질문만 변형해서 초거대 언어 모델을 사용하는 방법과 상승효과를 가지고 있다.

참고문헌

Long Ouyang, et al.(2022). Training language models to follow instructions with human feedback. *Advances in Neural Information Processing Systems*, 35. pp.27730-27744.

Tongtong Wu, et al.(2024). Continual learning for large language models: A survey. arxiv.org

09
비즈니스 문제 해결 4: 지속 사전 학습

지속 사전 학습은 초거대 언어 모델한테 막대한 규모와 범위의 지식을 주입해 주는 방법이다. 이 방법은 다른 접근법들과는 비교할 수 없을 만큼 큰 비용을 요구한다. 지속 사전 학습을 통해서 금융이나 법률 등 특정 분야에 특화한 초거대 언어 모델을 얻을 수 있고, 이를 통해서 여러 비즈니스 전략을 취할 수 있게 된다. 물론, 분야 지식 주입이라는 지속 사전 학습의 역할의 한계 또한 정확히 파악하고 있어야 한다.

지속 사전 학습이란?

모델을 변형해서 지식을 주입하는 방법의 극단에는 지속 사전 학습이 있다. 특히, 단순히 특이한 질문 형태가 아닌, 특정 분야에 해당하는 광범위한 지식을 보강할 필요가 있을 때 주로 사용된다. 예를 들어, 한국 법처럼 구체적이고 전문적인 지식은 일반적인 초거대 언어 모델에서 부족할 수 있다. 특히, 지식이 부족하다는 것은 몇 개의 질문에 답을 잘하냐의 문제를 넘어서서, 한국 법이라는 분야 전체에 대한 포괄적인 이해가 부족한 경우를 일컫는다. 이런 경우, 지속 사전 학습을 이용해 한국 법 관련 지식을 주입할 수 있다(Suchin Gururangan, et al., 2020). 이때, 분야 전체를 아우를 수 있는 지식을 주입하는 것이 목적이기 때문에, 엄청난 규모의 텍스트 데이터가 필요하게 된다. 적게 잡아도 수천억 단위의 단어가 있어야 하고, 많게는 조 단위도 넘볼 수 있을 정도로 다량의 데이터가 필요하다.

지속 사전 학습에 사용되는 데이터의 규모가 규모인 만큼, 대규모 지식이 주입된다. 이때, 지식이 많이 주입된다는 것은 원래 모델에서 많은 변형이 일어난다는 뜻이다. 즉, 지속 사전 학습을 거치게 되면 원래 모델의 성질이 사라지고 새로운 특징을 띠게 될 수도 있다. 지속 사전 학습이라고 부르는 이유는 초거대 언어 모델을 만드는 과정에서 유래했다. 기존 초거대 언어 모델이 지식을 익히는 과정을 사전 학습이라고 부른다. 이 과정에서 엄청난 양의 텍스트 데이터를 사용해 초거대 언어 모델의 지식 토대를 쌓게 된다. 일종의 기초 공사라고도 이해할 수 있다. 지속 사전 학습에서는 이 사전 학습 과정을 연장해서 진행하는 것처럼 새로운 지식을 추가로 주입한다. 기존의 사전 학습을 연장해서 모델을 변형하는 과정이기 때문에 지속 사전 학습이라고 부른다.

지속 사전 학습은 모델을 변형하는 방법 중에서도 그 규모와 비용이 남다르다. 다른 모델 변형 방법인 미세 조정과 비교하면, 지속 사전 학습은 보통 수백 배 규모의 데이터를 사용한다. 사용하는 데이터가 많은 만큼 필요한 장비의 수 또한 훨씬 많다. 질문만 변형하는 방법과는 비교를 불허할 정도로 비용에서 차이가 난다.

지속 사전 학습에서 사용하는 데이터의 형태도 미세 조정에서 사용하는 데이터의 형태와는 사뭇 다르다. 질문과 답변으로 이루어진 질의응답 데이터라기보다는, 문장들을 모아 놓은 말뭉치 형태의 데이터를 사용한다. 이는 지속 사전 학습의 원리와 밀접한 연관이 있다.

미세 조정에서는 어디까지나 질문에 대한 답변을 잘

하도록 모델을 변형했다. 즉, 질문을 주면, 해당 질문의 단어를 참고해서 답변을 한 단어씩 생성하도록 모델을 변형하는 것이다. 그러나 질문에 대한 답변을 잘하는 것으로는 광범위한 지식을 담을 수 없다. 그 이유 중 하나는 지식이 질의응답 형태로만 존재하지 않기 때문이다. 오히려, 단순한 줄글 형식으로 존재하는 것이 더 일반적이다. 질의응답 형태로는 품을 수 없는 부분이 있다는 것이다. 예를 들어, 한국사 시험공부를 한다고 했을 때, 한국사 교과서를 정독하는 것과, 기출문제를 푸는 것의 차이라고 이해할 수 있다. 기출문제만 풀게 되면, 해당 문제에 대해서는 정답을 맞힐 수 있을지 모른다. 그러나 교과서에는 있지만 기출문제에는 없는 역사적 사실에 대해서는 알 방도가 없다. 반면, 한국사 교과서를 정독하면 기출문제에서 다루지 않는 지식도 습득할 수 있다. 물론, 한국사 시험 문제를 계속 풀다 보면, 교과서에 있는 모든 내용을 커버할 수도 있다. 그러나 이는 교과서를 정독하는 것에 대비하면 상당히 비효율적이라고 할 수 있다. 또한 때에 따라서는 문제 형태로 만들기 어려운 유형의 지식이 있을 수도 있다.

지속 사전 학습은 특정 유형의 질문에 대한 답변을 잘하기 위해서라기보다는, 광범위한 지식을 추가하는 데 그 목적이 있다. 따라서 질의응답 형태의 데이터보다는 교과서 같은 줄글 형태의 데이터를 사용하는 것이다. 구체적으로 줄글 형태의 데이터가 어떻게 사용되는지 알려면 초거대 언어 모델의 원리를 상기해야 한다. 초거대 언어 모델은 다음에 올 단어를 하나씩 선택해 생성하는 것으로 문장을 완성한다. 이때, 아무 단어나 선택하는 것이 아니라 다음으로 올 확률이 가장 높은 단어를 선택한다. 이를 다시 생각해 보면, 초거대 언어 모델은 다음에 올 단어마다 그 확률을 구할 수 있다는 것을 뜻하기도 한다. 예를 들어, '오늘 날씨가'까지, 생성하고 그다음에 올 단어를 고를 때 '좋다', '별로다' 등의 후보지에 대해서 각각 0.7, 0.3 등의 확률을 구해서 그중에 가장 높은 확률을 가지는 단어를 고른다는 것이다. 즉, 초거대 언어 모델이 '오늘 날씨가'까지, 생성하고 그다음에 '오늘 날씨가 좋다'라는 문장을 생성할 확률은 0.7이고, '오늘 날씨가 별로다'라는 문장을 생성할 확률은 0.3이라는 것이다.

이렇게 특정 문장마다 모델이 이를 생성할 확률을 구할 수 있다면, 줄글 형태로 준비한 데이터에 대해서도 그 확률을 구할 수 있을 것이다. 지속 사전 학습에서는 준비한 문장에 대해서 확률을 구하고, 그 확률을 증가시키는 방향으로 모델을 변형한다. 이는 질의응답 데이터가 아니기 때문에 선택한 방법이다. 예를 들어서, 질의응답 데이터라면 주어진 질문에 대해서 준비한 답변을 생성하도록 모델을 변형시키면 된다. 그러나 줄글 형태의 데이터는 생성해야 할 답변이 따로 존재하지 않는다. 따라서 각 문장의 확률을 구하고, 그 확률을 높이는 방향으로 모델을 변형하는 것이다. 이는 어찌 보면 모델한테 글을 읽게 하는 것과 비슷하다. 질문을 주고 답변하게 하는 것이 아닌, 교과서를 정독하는 것처럼 단순히 글을 읽게 만드는 것이 지속 사전 학습인 것이다. 이 과정에서 모델은 광범위한 지식을 추가로 습득하게 된다.

지속 사전 학습의 비즈니스 목적

지속 사전 학습은 큰 비용을 들여서 광범위한 지식을 주입하기 위해 사용하는 방법이다. 따라서 보통 지속 사전 학습을 사용할 때는 지엽적인 문제만 해결하기 위해 도입하지는 않는다. 오히려 하나의 분야에 대한 지식을 광범위하게 주입해 특정 분야에 특화한 전문성을 갖춘 초거대 언어 모델을 확보하고자 할 때 사용한다. 이렇게 분야에 특화한 모델을 활용하면 해당 분야 안에서 여러 문제를 해결하는 데 하나의 모델만 이용해도 수월하게 해결할 수 있다. 즉, 지속 사전 학습의 막대한 비용을 사용해, 여러 문제를 푸는 데 하나의 모델을 이용함으로써 일종의 규모의 경제를 실현하는 것이다. 예를 들어, 지속 사전 학습을 통해서 법률 특화 초거대 언어 모델을 확보해 해당 분야의 여러 사업에 적용하려는 시도를 확인할 수 있다(이예린, 2024.3.12).

시중의 초거대 언어 모델을 바로 분야 특화 모델로 활용하기 어려운 이유는 해당 모델이 만들어지는 방식 때문이다. 초거대 언어 모델은 주로 웹상의 방대한 텍스트를 모아 만들어진다. 그러나 법률이나 의료 같은 전문 분야의 텍스트는 보통 양이 적거나 품질이 좋지 않은 경우가 많다. 웹상의 텍스트 데이터를 많이 모아도, 그중에서 법률이나 의료 등 전문 분야에 해당하는 양은 많지 않다는 것이다. 따라서 일반적으로 만들어진 초거대 언어 모델은 전문 분야에 대해서 지식을 충분히 가지고 있지 않을 가능성이 크고, 해당 분야의 여러 비즈니스 문제를 해결하기에는 성능적으로 아쉬울 수 있다. 그렇다고 해서 초거대 언어 모델을 만들 때 특정 분야의 지식을 추가로 보강해서 만드는 것 또한 쉽지 않다. 우선, 일반적인 초거대 언어 모델은 여러 분야에 대해서 두루두루 성능이 좋은 것을 목표로 한다. 특정 분야에 대한 성능을 목적으로 만들기에는 전반적인 성능의 중요도가 더 높다는 것이다. 그뿐만 아니라, 특정 분야 내의 고품질 텍스트 데이터를 얻으려면 일반적으로는 해당 분야에 종사하는 전문가의 도움이 필요하다. 그러나 시중의 초거대 언어 모델을 만들 때 일일이 여러 분야의 전문가와 협업하기에는 개발 비용이 너무 많이 증가한다. 따라서 시중의 여러 초거대 언어 모델들은 특정 분야에 대한 지식이 충분하지 않은 것이 일반적이고, 해당 모델에 특정 분야의 지식을 선택적으로 추가 주입해 해당 분야에 전문성을 갖춘 모델을 만드는 것이 지속 사전 학습의 주목적이다.

지속 사전 학습을 할 때 또 하나 중요한 점은 바로 특정 분야를 어떻게 지정하느냐다. 직관적으로는 법률, 의료, 금융 등 우리가 흔히 알고 있는 전문 분야를 떠올릴 수 있다. 그러나 새로운 언어에 대한 지식처럼 전문 분야보다 더 넓은 범주의 지속 사전 학습을 진행할 수도 있다. 예를 들어, 영어 위주로 개발된 시중의 초거대 언어 모델에 대해서 한국어나 일본어 등의 추가 언어를 확장해 세계의 더 많은 인구를 대상으로 해당 모델을 활용할 여지를 만드는 것이다. 특정 전문 분야를 개척하든, 새로운 언어를 확장해 아예 새로운 나라를 개척하든, 지속 사전 학습은 여러모로 비즈니스의 큰 전략에 따라서 진행되는 경우가 많다.

지속 사전 학습의 역할

지속 사전 학습에는 막대한 비용이 들기 때문에, 이를 적용하면 많은 비즈니스 문제를 손쉽게 해결할 수 있을 것이라 기대할 수 있다. 하지만 지속 사전 학습만으로는 대부분의 비즈니스 문제를 완전히 해결할 수 없다. 오히려, 대부분의 경우 지속 사전 학습은 그저 특정 비즈니스 문제를 해결하는 과정에서 그저 무대에 오르는 단계로 이해할 수 있다. 예를 들어, 지속 사전 학습을 통해 새로운 언어인 한국어에 대한 지식을 주입했다고 생각해 보자. 그렇다면, 한국어 지식을 주입한 것만으로 한국의 모든 비즈니스 문제를 해결할 수 있게 되는 것일까? 이에 대해서는 단호하게 아니라고 말할 수 있다. 한국어를 할 수 있게 되었으면 이제야 한국어로 서술되는 여러 비즈니스 문제를 해결하기 위해서 여러 단계를 밟을 준비가 끝난 것이다. 즉, 비즈니스 문제마다 해결하고자 하는 바를 질문의 형태로 가공하고, 해당 질문에 대한 답변을 잘하게 만드는 과정을 거쳐야 하는 것이다.

이런 상황은 지속 사전 학습의 동작 원리에서 기인한

다. 지속 사전 학습은 대규모 지식을 추가로 주입하는 과정이다(Suchin Gururangan, et al., 2020). 이때, 지식은 질문을 주면 특정 답변을 하는 형태가 아닌, 줄글 형태의 텍스트로 주로 표현된다. 즉, 질문에 대해 답변하는 것이 아니라 그저 줄글을 읽는 방식으로 모델을 변형하는 것이다. 따라서 특정 언어에 대한 이해를 쌓을 수는 있어도, 해당 언어로 질문했을 때 답변하는 연습은 거의 하지 못한 것이다. 이해를 돕기 위해 외국인 친구와 한국어 토론 대회를 나가는 예시를 상상해 보자. 지속 사전 학습은 외국인 친구에게 새로운 언어인 한국어를 가르치는 것과 비슷하다. 그러나 한국어를 배웠다고 해서 바로 한국어 토론에 능숙해지는 것은 아니다. 한국어 실력과는 별개로, 참가하고자 하는 토론 대회의 규칙은 물론, 토론 행위 그 자체에 숙달될 필요가 있는 것이다.

물론 이미 토론을 아주 잘하는 외국인 친구를 섭외했다면, 한국어를 가르치는 것만으로, 혹은 아주 적은 한국어 토론 연습만으로 한국어 토론을 잘할 수도 있다. 그러나 비용이 많이 드는 지속 사전 학습 방법을 고려할 정도의 비즈니스 문제들은 전문적인 지식과 함께 특이한 형태의 질문도 잘 답변하기를 원한다. 예를 들어, 의료나 법률 분야에서는 흔한 질의응답의 형태여도, 해당 분야의 문외한인 사람에게는 별로 익숙하지 않은 것과 일맥상통한다. 법률 분야에서 훌륭한 질의응답을 수행하려면, 한국 법에 대해서도 잘 알아야 하지만, 변호사가 어떤 형태의 질문을 하는지에 대해서도 잘 알아야 한다. 즉, 지속 사전 학습은 한국 법 같은 전문 지식을 주입하는 방법이고, 그 이후에 해당 분야에 특화한 형태의 질의응답을 할 수 있게 해 주는 미세 조정을 추가로 활용하는 것이 효과적이다. 간혹, 지속 사전 학습만 가지고 특정 분야에 특화한 질의응답도 잘되기를 바라는 경우가 있지만, 이는 실현될 가능성이 작다.

참고문헌

이예린(2024.3.12). 로앤컴퍼니, 업스테이지 손잡고 K-법률 특화 '솔라 리걸' 공동 개발. ≪문화일보≫, https://www.munhwa.com/news/view.html?no=2024031201039907275003

Suchin Gururangan, et al.(2020). Don't stop pretraining: Adapt language models to domains and tasks. *Proceedings of the 58th Annual Meeting of the Association for Computational Linguistics*. pp.8342-8360.

10
초거대 언어 모델의 비즈니스 도입 사례

초거대 언어 모델 활용에서, 질문만 변형했을 때는 어떤 사용처가 있는지, 그리고 모델까지 변형했을 때는 어떤 목적을 달성하기 위해서인지 등을 알기 위해서는 예시만 한 것이 없다. 여러 예시를 통해서 초거대 언어 모델을 활용할 때 유념해야 할 부분에 대해서 이해하면 본인의 문제에 대한 시행착오를 최소화할 수 있을 것이다.

태스크 특화 질의응답

일반적인 질의응답이 아닌, 특정 비즈니스 상황에서 발생하는 구체적인 질문에 대한 질의응답을 문제 혹은 태스크(task) 특화 질의응답이라고 이해할 수 있다. 초거대 언어 모델이 일반적인 질의응답을 잘하는 것은 널리 알려져 있기 때문에, 보다 전문적인 상황에서 초거대 언어 모델을 활용해 질의응답을 자동화하려는 시도는 왕왕 있었다(이진경, 2023.9.11). 이런 태스크 특화 질의응답을 잘 수행하려면, 단순히 일반적인 지식뿐만 아니라 해당 태스크를 해결하기 위해 필수적인 각 회사 내의 특수 지식을 잘 활용해야 한다. 예를 들어, 보험 회사가 보험 관련 질의응답을 하는 초거대 언어 모델을 만들려고 하면, 모델이 해당 회사에서만 파는 보험 상품의 약관 등을 얼마나 잘 사용하는지가 관건인 것이다.

태스크 특화라는 말은 결국 특정 비즈니스 상황에 대한 특화를 의미한다. 그렇다면 해당 비즈니스가 속한 분야 전반에 걸쳐서 지식을 가지고 있는 모델이 더 유리한 것은 자명하다. 예를 들어, 특정 보험 관련 질의응답을 만드는 데에는 보험 분야에 관해서 특화된 모델이 그렇지 않은 모델보다 유리하다는 것이다. 이때, 이런 전문 분야의 지식을 주입하는 가장 효과적인 방법으로 지속 사전 학습을 이용할 수 있다. 그러나 이는 큰 비용이 들기 때문에 보통은 특화 모델보다는 일반적인 초거대 언어 모델을 이용하게 된다. 모델을 이용하는 방법 또한 주로 비용이 저렴한 검색 증강 생성이나 미세 조정 방법들을 사용한다.

태스크 특화 질의응답을 초거대 언어 모델로 해결하기 위해 A 사가 진행했던 초기 실험을 소개하고자 한다. 해당 실험은 검색 증강 생성 방법론을 통해서 A 사의 여러 보험 상품에 대해 적절한 질의응답을 하는 것이 목표였다. 즉, 보험 상담 특화 질의응답인 것이다. 방법론은 검색 증강 생성을 택했기에, 별도의 모델 변형 없이 진행되었다. 검색할 외부 지식은 여러 보험 상품에 대한 약관 정보로 이루어져 있었다. 즉, 질문에 대해서 이와 관련 있는 보험의 약관을 검색해 오고, 이를 질문에 증강해서 답변을 생성하는 것이다.

보험 상담 특화 질의응답 시스템을 평가하기 위해서 실제로 판매되었거나 판매되고 있는 여러 보험 상품에 대해 여러 난이도의 질문들을 수집했다. 이후, 각각의 질문에 대한 모델의 답변을 검색 증강 생성 방법론으로 얻고, 이를 사람이 직접 점수를 매겨서 평가하는 방식을 택했다. 이때 만약 모델의 답변이 틀렸을 경우, 틀린 유형에 대한 분석 또한 같이 진행되었다. 유형은 크게 연관성 있는 정보를 검색해 왔지만 모델이 오답을 생성한 경우와, 무관한 정보를 검색해 오고 모델이 오답을 생성한 경우로 분류했다.

일차적으로 완성한 질의응답 시스템을 평가했을 때 특기할 만한 점은 바로 오답의 유형 분포에 있었다. 일례로, 초거대 언어 모델에 질문과 관련한 보험 약관을 제시했을 때도 오답을 생성하는 경우도 있었지만, 많은 오답이 질문과 관련한 보험 약관을 정확하게 검색해 오지 못해서 발생했다. 아무리 성능이 좋은 모델이라도 특정 회사의 보험 상품 약관을 알지는 못하므로, 질문과 무관한 약관이 검색되었을 때 답변의 품질이 매우 낮을 수밖에 없던 것이다. 즉, 최종적으로 질의응답 시스템의 성능은 초거대 언어 모델의 성능이 아닌 얼마나 연관성 있는 정보를 잘 검색해 오느냐에 따라서 그 한계가 정해지는 것이었다.

결국, 분야 특화 질의응답을 할 때 오히려 맹점이었던 부분은 검색 정확도였다. 이에, 기존의 검색 알고리즘이 아니라 여러 단계를 거쳐서 보다 정확한 검색 결과를 자랑하는 방법을 도입해 성능을 높이려고 했다. 예를 들어, 텍스트를 숫자로 치환하는 임베딩 방법을 활용하는 경우, 질문과 보험 약관의 임베딩을 비교해 서로 유사도 높은 보험 약관을 검색의 결과로 취급한다. 나아가서, 질문에 있는 여러 보험 관련 단어 등을 추출하고, 해당 단어들이 많이 등장하는 보험 약관을 추가로 가려내어서 검색 결과의 품질을 높인 것이다.

다만, 검색 정확도는 단순히 검색 알고리즘만의 문제가 아니다. 큰 걸림돌 중 하나는 검색의 단위를 적절히 설정해 주는 것이다. 예컨대, 보험 약관은 여러 장, 절, 그리고 조로 이루어져 있다. 질문에 따라 특정 장 전체가 필요한 경우도 있고, 한 장의 일부인 특정 절 혹은 조만 필요한 경우도 있다. 따라서 검색할 때 장 단위로 검색할지, 아니면 더 작은 단위인 절이나 조로 검색할지 등에 따라서도 질의응답 시스템의 성능이 바뀐다. 이를 해결하기 위해 보험 약관을 장, 절, 조 등 세 개의 단위로 검색해 오고, 단위별로 질문과 가장 유사한 외부 지식을 가져오는 방법 등을 이용했다.

이렇게 온갖 방법으로 검색 정확도를 높이는 시도를 한 이유는 비즈니스 문제 해결을 위해서 요구되었던 성능이 매우 높았기 때문이다. 대략, 100점 만점에 약 90점 이상의 성능을 요구했고, 이는 검색이 거의 완벽하지 않다면 달성하기 어려운 수치였다. 결국, 해당 실험의 성공 여부는 초거대 언어 모델의 성능이 아닌 검색의 성능을 보는 것만으로도 어느 정도 헤아릴 수 있었다. 즉, 초거대 언어 모델의 성능을 보기 전에, 검색에 대한 탐구를 미리 했다면 초거대 언어 모델을 가지고 실험하기 전에도 유용한 정보를 수집할 수 있었을 것이다.

따라서 우리는 위 사례를 통해 검색 증강 생성을 활용해서 태스크 특화 질의응답을 구현하려고 할 때 유념하면 좋은 점을 두 가지 정도 추릴 수 있다. 첫째는 바로 비즈니스에서 요구하는 성능의 눈높이를 미리 파악하는 것이다. 대개의 비즈니스 문제는 매우 높은 정확도를 요구하기 때문에, 이를 사전에 파악하고 달성할 수 있는 수치인지 미리 판단해 볼 필요가 있다. 둘째로, 검색 증강 생성 시스템의 맹점이 무엇인지 파악해야 한다. 때에 따라서는 초거대 언어 모델의 성능일 수도 있지만, 오히려 검색 그 자체의 성능이 주 문제일 수도 있다. 달성해야 하는 성능 수치가 정해졌다면, 간단한 실험을 통해서 어느 성능이 병목인지 파악해야 한다는 것이다. 예를 들어, 검색이 완벽하다고 가정해서, 항상 연관성 있는 외부 지식을 검색해 왔을 때의 성능을 파악하면 초거대 언어 모델의 성능이 얼마나 부족한지를 고립해 헤아릴 수 있다. 반면, 초거대 언어 모델이 완벽하다고 가정하고, 연관성 있는 지식만 검색해 오면 정답이라고 판단했을 때의 성능을 측정하면 검색 성능이 얼마나 부족한지 고립해서 판단할 수 있다. 본격적인 실험에 앞서 해당 결과를 미리 파악했다면, 조금 더 현실적인 목표 수치를 수립하든, 앞으로 어떤 방향으로 실험을 집중할지 등을 선택하든, 여러모로 태스크 특화 질의응답을 초거대 언어 모델로 구현하는 데 도움이 될 것이다.

인공지능 페르소나

인공지능 페르소나는 가상의 인물을 인공지능을 통해 구현한 것을 말하며, 이를 통해 일상 채팅 서비스 등을 만드는 데 활용할 수 있다(구본권, 2024.7.8). 해외에서는 캐릭터 닷 에이아이(character.ai) 등의 회사가 인공지능 페르소나 사업을 진행하고 있다. 특히, 최근에는 초거대 언어 모델에 힘입어 보다 다양하고 정교한 페르소나들을 만들면서 단순한 일상 채팅을 넘어서서 게임 내 인물 개발 등의 활용으로 그 사용처가 점차 넓어지고 있다. 다만, 페르소나를 만든다는 것은 단순히 정확한 질의응답을 하는 것과는 차이가 있다. 페르소나는 결국 대화하는 스타일을 뜻하는데, 이는 결국 내용의 정확함보다는 답변의 형태를 통해서 드러나는 특징이다. 즉,

페르소나를 구현한다는 것은, 가상의 인물이 말하는 스타일을 초거대 언어 모델의 답변 형태에 녹여 내는 것이라고 이해할 수 있다. 이를 위해서는 정교한 미세 조정 과정을 거쳐야 하고, 여러 스타일이 답변의 형태로 담겨 있는 질의응답 데이터를 가지고 있어야 한다. 국내에서도 이런 인공지능 페르소나를 만들기 위해서 노력한 B 사의 개발 일기를 통해서 데이터를 가지고 있는 것이 얼마나 중요한지 소개하고자 한다.

B 사는 국내 사업을 위해 인공지능 페르소나를 개발하고자 했으며, 최근 등장한 초거대 언어 모델 기술의 가능성을 보고 이를 적극 활용하기로 했다. 그러나 대부분의 성능이 좋은 초거대 언어 모델은 영어 위주로 개발되어 한국어에 능한 모델이 많지 않았다. 즉, 초거대 언어 모델에 한국어 지식을 주입하지 않으면 인공지능 페르소나 개발을 시작하기도 어려운 상황이었다. 언어에 대한 지식을 주입하는 것은 특정 분야의 전문 지식을 주입하는 것보다 훨씬 더 많은 정보를 모델에 알려 주어야 한다는 것을 의미한다. 따라서 지속 사전 학습 외에 프롬프트 엔지니어링, 검색 증강 생성, 그리고 미세 조정 등으로는 해결하기 어려운 문제였다. 많은 지식을 주입해야 하므로 비용 역시 많이 들겠지만, 오히려 지속 사전 학습

을 바로 시도하는 것이 다른 방법을 시도하느라 시간과 자원을 낭비하는 것보다는 나은 상황이었다. 즉, 지속 사전 학습의 큰 비용에 겁을 먹기보다는, 비싸도 필요한 지출임을 인식하는 것이 중요했다. 따라서 B 사는 지속 사전 학습을 감행해 한국어를 잘하는 초거대 언어 모델을 우선 확보했다.

다만, 한국어 모델을 확보한 것은 끝이 아니고 오히려 시작이다. 이제 특정 페르소나에 따라서 일관된 말투나 표현 등을 모델이 흉내 낼 수 있게 해야 한다. 다행히도, B 사는 기존에 서비스하던 인공지능 채팅 제품이 있었다. 많은 사람들이 해당 서비스를 이용하며 남긴 대화 내용은, 앞으로 미세 조정을 위한 데이터를 만드는 데 큰 도움이 되었다. 예를 들어, 특정 직업을 가진 페르소나를 만들기 위해서 실제로 해당 직업을 가진 사람들의 대화 내용을 참고한다면 이 직업 스타일의 미세 조정 데이터를 만드는 데 도움이 될 것이다.

질문에 대해 정확하고 사실에 기반한 답변을 하는 것도 쉽지는 않다. 그러나 가상의 페르소나를 바탕으로 특정 스타일의 답변을 생성하게 하는 것보다는 훨씬 직관적이다. 질문에 따라서 선호하는 답변이 명백하고, 미세 조정 시 필요한 질의응답 데이터를 만드는 방법도 비교적 간단하기 때문이다. 그저, 질문에 따라 알맞은 사실을 답변하는 질의응답 쌍을 모으면 되는 것이다. 그러나 특정 스타일을 띠는 답변은 이를 정의하는 것부터가 쉽지 않다. 친한 친구의 말투나 표현 등은 쉽게 알아차리지만, 구체적으로 어떤 기준을 통해서 알아차리는지 설명하기 어려운 것과 마찬가지다. 그렇기 때문에 페르소나 개발을 위한 스타일 질의응답 데이터는 단시간에 확보하기 어렵고, 단순히 시간을 많이 들인다고 해결되는 문제도 아니다. 그러나 B 사는 이미 기존 서비스를 통해서 해당 데이터를 확보할 방법을 어느 정도 마련한 상황이었기에, 그 누구도 쉽게 확보하지 못한 여러 스타일의 질의응답 데이터를 확보할 수 있었다. 이는 페르소나 개발에서는 굳건한 기술적 해자로 작용하는 것이다.

이런 기술적 해자의 대표적인 예시는 B 사의 인공지능 페르소나가 사람의 말을 무시하는 행동도 할 수 있다는 것이다. 즉, 누군가 마음에 안 드는 말을 채팅했을 때 답변하는 것이 아니라, 사람처럼 해당 말을 읽고 무시하기도 하는 것이다. 이는 초거대 언어 모델의 원리를 상기하면 대단히 신기한 것이다. 초거대 언어 모델은 줄글이든 질문이든, 특정 단어가 들어오면 다음에 올 단어 중 확률이 높은 단어를 고르도록 만들어졌다. 즉, 원래라면 어떤 말을 해도 무조건 이에 대해 답변하도록 만들어진 것이다. 그러나 B 사가 만든 제품은 사람들의 대화 내용을 이용했기 때문에, 자연스럽게 중간중간에 사람들이 서로의 말을 무시하는 경향까지도 이해하게 된 것이다. 즉, 사람이 무슨 말을 하든 어떻게든 답변을 생성하려고 안달 난 인공지능이 아니라, 마치 실재하는 사람처럼 새침하게 내 말을 무시하기도 하는 페르소나가 탄생한 것이다.

인공지능 페르소나뿐만 아니라, 다른 분야에서도 모델을 변형하려고 하면 결국 데이터에서 차이가 만들어진다. 모델을 변형하는 것은 데이터가 담고 있는 특징을 모델로 옮기는 것으로 이해할 수 있는데, 남들이 가지고 있지 않은 희귀한 데이터를 가질수록 더 유리한 것은 자명하다. 따라서 초거대 언어 모델을 도입하기로 했다면, 데이터부터 살펴보아야 한다. 자사가 보유한 데이터가 있는지, 있다면 다른 회사와 차별점을 만들 수 있는 부분이 있는지 등을 선제적으로 파악하고 활용할 줄 알아야 한다.

참고문헌

구본권(2024.7.8). 사람처럼 '개성' 지닌 '페르소나 AI' 몰려온다.

≪한겨레≫,
https://www.hani.co.kr/arti/economy/it/1148101.html
이진경(2023.9.11). 업스테이지-커넥트웨이브, 이커머스용 LLM 구축 나선다. ≪세계일보≫,
https://www.segye.com/newsView/20230911506023?OutUrl=naver

김다현

업스테이지 인공지능 연구원이다. 광주과학기술원에서 전기전자컴퓨터공학을 전공했고, 학사 및 석사 학위 과정을 수석으로 졸업했다. 석사 학위 논문은 "이진 신경망 구조 탐색 및 비지도 학습(Architecture Search and Unsupervised Learning for Binary Networks)"으로, 인공 신경망의 경량화 분야를 연구하며 ECCV, CVPR, ICLR 등 최고 권위의 인공지능 학회에 논문을 다수 게재했다. Naver AI Lab에서 연구 인턴으로 재직하다 업스테이지에 인공지능 연구원으로 합류했다. 업스테이지 합류 이후엔 광학 문자 인식(optical character recognition) 분야를 연구하며 구글 등이 개최한 대회를 포함해서 총 4개의 해당 분야 최고 권위 대회에서 우승했다. 이후, 초거대 언어 모델을 연구하며 NAACL, ACL 등 세계적인 자연어 처리 학회를 포함해 다수의 논문을 게재했고, 다른 경쟁 상대보다 훨씬 작은 모델로 Open LLM 리더 보드 세계 1등을 달성했다. 현재는 한국을 대표하는 초거대 언어 모델 중 하나인 Solar LLM 개발에 힘쓰고 있다.